공항에서 일하는 길

최중봉 지음

나라디엠출판사

책을 내면서

공항 하면 먼저 설렘이 떠오른다. 그만큼 공항은 일반인들에게 왠지 모르게 가고 싶은 곳, 머물고 싶은 곳으로 인식되고 있는 것 같다.

저자는 공항에서 33년을 근무하면서 많은 청소년들이 공항에서 근무하는 일에 호감을 가지고 있다는 것을 알게 되었다.

정부에서 추진 중인 중학교 자유학기제가 2013년부터 2015년까지 시범운영을 거쳐 2016년 전면 시행될 예정이다. 앞으로 많은 학생들이 공항에서 현장체험을 하게 될 것이다.

이 책은 학생들의 현장체험에 도움이 될 것으로 생각한다. 실제로 학생들이 공항에 현장체험을 나와도 공항에서 하는 일의 극히 일부분밖에 보여줄 수가 없음을 여러 차례 경험하였기 때문이다. 그래서 공항에서 하는 일을 한눈에 볼 수 있는 책이 필요하다고 생각하게 되었고, 나의 공항근무 경험을 정리하여 청소년들의 진로 선택에 도움을 줄 수 있다면 보람된 일이라 생각하여 이 책을 쓰게 되었다.

항공분야는 발전 가능성이 매우 높다. 특히 아시아 지역의 항공 발전 속도는 세계를 선도하고 있다. 세계인구는 계속 증가하여 2040년에는 80억 명에 이를 것으로 예상하고 있으며, 중국과 인도는 세계 1, 2위 인구 대국이다. 또한 2030년경에는 아시아 지역 실질 GDP가 미국+유럽지역과 대등해질 것으로 예상하고 있다.

중국은 2023년경이면 미국을 제치고 세계 최대 항공시장으로 커질 것이라는 전망이 나왔다. 또한 중국은 2020년까지 97개의 공항을 건설한다고 하며, 그동안 규제했던 민영항공사 설립 규제를 풀고 2013년부터 민영항공사 설립을 허가하고 있다. 중국의 성장은 우리나라 항공분야에도 크게 영향을 미치고 있으며, 우리나라의 항공분야 직업전망은 매우 희망적이라고 생각한다.

사람은 자기가 하고 싶은 일을 하면서 사는 것이 가장 행복하다고 하며, 사람이 장래 어떤 사람이 되느냐의 결정은 청소년 때 어떤 생각을 하느냐에 달려있다고 한다. 부디 이 책이 항공분야로 진출을 희망하는 청소년들에게 조금이나마 도움이 되었으면 한다.

마지막으로 이 책을 쓰는 데 자료를 제공해주시고, 세밀한 검토와 여러 가지 조언을 해주신 서울지방항공청, 세관, 출입국관리사무소, 검역소, 공항공사, 항공사, 지상 조업사 등 관계자님에게 감사를 드립니다. 또한, 학생들이 좋아하는 책이 될 수 있도록 세심한 조언을 아끼지 않으신 한국교육개발원 관계자님에게도 감사의 말씀을 드립니다.

2014 년 겨울

최 중 봉

추천사

먼저 한국공항공사에서 오랫동안 항공발전을 위하여 헌신하시고 정년퇴임을 하신 최중봉 님의 "공항에서 일하는 길" 출판을 진심으로 축하합니다.

저자이신 최중봉 님께서는 1980년 한국공항공사에 제1기 공채로 공항에 첫발을 내디디신 후 2013년 청주지사장님으로 정년퇴임을 하실 때까지 33년간 오직 공항의 안전과 서비스를 위해 살아오신 대한민국 공항의 산증인이십니다.

한국공항공사는 전국의 14개 공항을 관리, 운영하는 공기업입니다. 기본 책무인 항공 안전과 여객서비스 업무 외에도, 국민의 공기업으로서 사회공헌에도 적극적인 노력을 기울이고 있으며, 특히 정부의 자유학기제 도입 정책에 발맞추어 공항을 학생들의 진로체험 학습장으로 문을 활짝 열어가고 있습니다.

2011년부터 보안검색 및 소방대에서 시행하여 왔던 공항 내 직업체험 프로그램과 더불어, 2013년에는 초, 중, 고등학생을 대상으로 "하늘길은 어떻게 만들어질까요?"라는 생동감 있는 교육 기부 캠페인으로 확대하여 운영하고 있습니다. 이 캠페인은 항공기의 비행원리와 항행절차 등을 교육하고, 관제탑, 계기착륙시설 등 공항의 주요 시설을 견학하는 프로그램이며 앞으로 전국공항으로 확대해 나갈 예정입니다.

이러한 프로그램들을 운영하면서 학생들에게 공항의 전체를 다 보여주지 못해 많이 아쉬웠는데, 이 책을 통해 시간과 장소의 제약으로 공항 전체를 볼 수 없는 학생들에게 공항의 전반에 대하여 이해할 좋은 기회가 될 것으로 생각합니다.

이 책은 우리의 공항에 대한 백서이면서, 학생들에게 보다 넓은 세상으로 나아가게 하는 한 편의 희망입니다.

다시 한 번 "공항에서 일하는 길" 출판을 축하합니다.

2014년 겨울

한국공항공사 사장 김석기

차 례

1장 공항의 기본 알기

1.1 공항? 비행장?

어느 날 한 학생으로부터 “공항과 비행장이 다른 건가요?” 하는 질문을 받은 적이 있다. 그래서 공항에서 10년 정도 근무한 직원에게 물어보았다. “공항과 비행장이 어떻게 다르지?” 그러나 돌아오는 답은 의외로 “글쎄요.”였다. 사실 많은 사람이 심지어 공항에서 근무하는 사람들조차도 공항과 비행장의 차이를 정확히 모르는 사람이 많은 것 같다.

공항은 여객청사, 화물청사 등 여객과 화물을 처리할 수 있는 시설을 갖추고 항공기가 이륙, 착륙하는 곳이고, 비행장은 여객이나 화물 처리 시설 없이 항공기가 이륙, 착륙할 수 있는 곳을 말한다.

공항은 다시 국제공항과 국내공항으로 나누는데, 국제공항은 국제선 비행기가 다니는 곳으로 세관, 출입국관리, 검역업무를 담당하는 CIQ (Customs, Immigration, Quarantine) 기능이 있으며, 우리나라에는 인천국제공항, 김포국제공항, 김해국제공항, 제주국제공항, 청주국제공항, 대구국제공항, 무안국제공항, 양양국제공항 등 8곳이 있다. 국내공항은 국내선 비행기만 다니는 곳으로 CIQ 기능이 없으며, 우리나라에는 울산공항, 광주공항, 여수공항, 포항공항, 사천공항, 군산공항, 원주공항 등 7곳이 있다.

비행장은 육상비행장과 수상비행장으로 나누는데, 육상비행장으로는 조종사 교육을 주로 하는 울진비행장, 수색비행장, 태안비행장 등이 있고, 수상비행장은 외국에는 있으나 우리나라에는 아직 없다.

국제공항(인천국제공항)

국내공항(울산공항)

육상 비행장(울진비행장)

수상 비행장(외국)

1.2 항공기? 비행기?

항공기와 비행기의 구분을 공항과 비행장의 구분보다 더 많은 사람이 헷갈려 한다.

항공기는 비행기를 포함하여 항공에 사용할 수 있는 비행선, 활공기, 헬리콥터, 항공우주선 등 모든 기기를 말하며, 비행기는 항공기 종류의 하나로 사람과 화물을 운반하는 대표적인 것으로 우리가 여행할 때 타고 다니는 것을 말한다.

항공기 종류를 살펴보면 아래와 같다. 항공기 종류의 자세한 내용은 【부록 1 항공기종류】를 참고하기 바란다.

☑ 항공기 종류

- 비행기 : 엔진에 의해 나아가는 힘을 얻고, 날개에 대한 공기의 반작용으로 뜨는 힘을 얻는 고정 날개 항공기
- 비행선 : 엔진에 의해 나아가는 힘을 얻고, 주로 헬륨가스 등에 의해 공중에 뜨는 항공기
- 활공기 : 엔진 없이 자동차 등으로 견인하여 공중에 뜨는 항공기
- 회전익항공기(헬리콥터) : 회전날개에 의한 공기의 반작용에 의해 뜨는 항공기
- 동력비행장치 : 프로펠러 엔진에서 나아가는 힘을 얻고, 날개에 대한 공기 반작용으로 뜨는 힘을 얻는 비행장치(좌석 3개 이상)
- 항공우주선 : 지구대기권 내외를 비행할 수 있는 비행체

비행기

비행선

활공기

항공우주선

동력비행장치

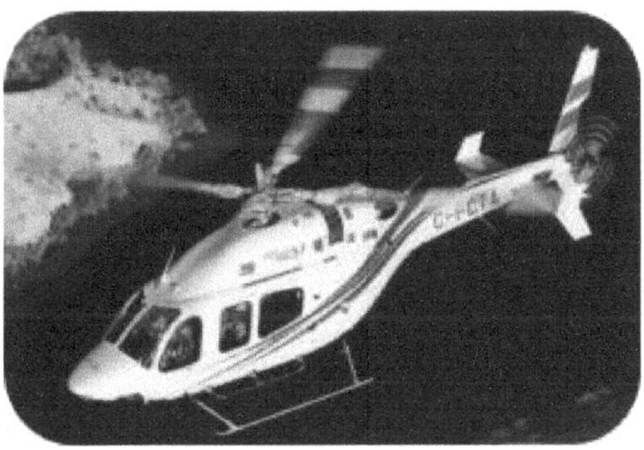

회전익항공기(헬리콥터)

1.3 항공종사자

공항에서 근무하는 사람이라고 해서 전부 항공종사자는 아니다. 공항에는 여러 가지 일을 하는 사람들이 있다. 어떤 일은 특수한 자격이 있어야 하는 일이 있고, 어떤 일은 자격증이 없어도 할 수 있는 일이 있다. 항공종사자는 항공법에 따라 국토교통부 장관으로부터 항공종사자 자격증명(자격증)을 받은 사람을 말한다.

항공종사자 자격증명 발급과 관련된 모든 업무는 국토교통부로부터 업무 위탁을 받은 교통안전공단에서 담당한다. 교통안전공단 홈페이지(www.ts2020.kr)에서 "항공종사자 자격시험"을 검색하면 자세한 내용을 알 수 있다.

항공법에서 정하고 있는 항공종사자 종류는 아래와 같다. 그러나 비행기 성능이 개선되고 자동화됨에 따라 ◆ 항공기관사와 ◆ 항공사의 업무는 그 업무수행을 위하여 별도의 사람이 필요치 않게 되었다.

항공종사자의 업무범위는 【부록 2 자격증명별 업무범위】를 참고하기 바라며, 항공종사자 응시경력은 〈항공법시행규칙 별표9 : 응시경력〉을 참고하기 바라고, 항공종사자 시험내용은 〈항공법시행규칙 별표10 : 자격증명시험 및 한정심사의 과목 및 범위〉를 참고하기 바란다.

☑ 항공종사자 종류

- 운송용 조종사 : 대한항공 같은 항공운송사업을 하는 회사 항공기를 조종하는 사람
- 사업용 조종사 : 보수를 받고 농약 살포 같은 사업을 하는 회사 항공기를 조종하는 사람
- 자가용 조종사 : 보수를 받지 않고 자가용 항공기를 조종하는 사람
- 부조종사 : 조종사(기장)를 도와 항공기를 조종하는 사람
- 경량항공기 조종사 : 탑승좌석 2개 이하의 가벼운 항공기를 조종하는 사람
- 항공교통관제사 : 항공교통의 안전, 신속 및 질서유지를 위하여 항공기 운항을 관제하는 사람
- 항공정비사 : 항공기를 정비하는 사람
- 운항관리사 : 비행계획 수립, 연료 소비량 산출, 항공기 운항 통제 및 감시를 하는 사람
- 항공기관사 : 항공기에 탑승하여 항공기의 전자계통, 전기 등 기계장치의 정상작동 여부를 확인하며 조종사를 돕는 사람
- 항공사 : 항공기에 탑승하여 항공기의 위치파악 및 항로를 측정하며 조종사를 돕는 사람

☑ 항공종사자 자격증명서

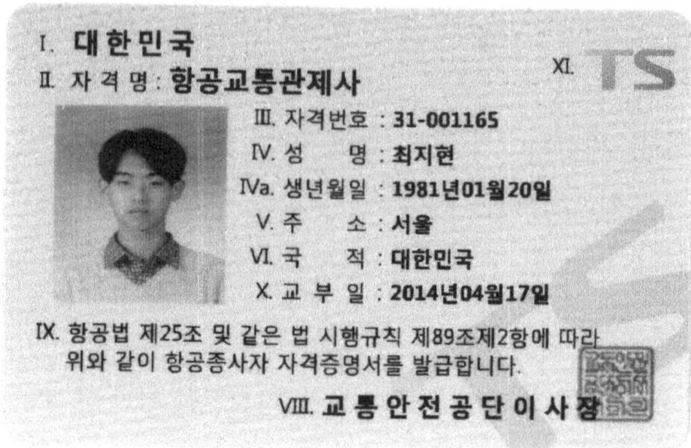

Ⅰ. **대한민국**

Ⅱ. 자격명 : **항공교통관제사**

XI. TS

Ⅲ. 자격번호 : **31-001165**

Ⅳ. 성 명 : **최지현**

Ⅳa. 생년월일 : **1981년01월20일**

Ⅴ. 주 소 : **서울**

Ⅵ. 국 적 : **대한민국**

Ⅹ. 교 부 일 : **2014년04월17일**

Ⅸ. 항공법 제25조 및 같은 법 시행규칙 제89조제2항에 따라 위와 같이 항공종사자 자격증명서를 발급합니다.

Ⅷ. **교통안전공단이사장**

Ⅰ. **REPUBLIC OF KOREA**

Ⅱ. TITLE OF LICENSE :

AIR TRAFFIC CONTROLLER

XI. TS

Ⅲ. SERIAL NO. OF THE LICENSE : **31-001165**

Ⅳ. NAME : **CHOI JI HYUN**

Ⅳa. DATE OF BIRTH : **JAN 20, 1981**

Ⅴ. ADDRESS : **SEOUL**

Ⅵ. NATIONALITY : **Republic of Korea**

Ⅹ. DATE OF ISSUE : **APR 17, 2014**

Ⅸ. THIS LICENSE HOLDER HAS BEEN FOUND TO BE PROPERLY QUALIFIED TO EXERCISE THE PRIVILEGES OF THE LICENSE IN ACCORDANCE WITH AVIATION ACT.

Ⅷ. CHAIRMAN OF TRANSPORTATION SAFETY AUTHORITY

1.4 항공사업자

항공기를 이용하여 사업을 하거나 항공 관련 사업을 하는 사업자를 항공사업자라 한다.

우리나라에는 대형항공사로 대한항공과 아시아나항공이 있으며, 저비용항공사(LCC : Low Cost Carrier)로는 제주항공, 진에어, 에어부산, 이스타항공, 티웨이항공이 있다. 또 국제선 화물만 취급하는 에어인천이 있다.

항공사뿐만 아니라 관광운항, 농약살포, 항공측량, 조종교육, 항공레저스포츠 등 항공기를 이용하여 다양한 사업을 하는 사업자들이 있다.

항공사업을 요약 정리하면 아래와 같다.

1) 국제항공운송사업

좌석 수 51석 이상 비행기로 국제선 정기편 또는 국제선 부정기편을 운항하는 사업(대한항공, 아시아나항공, 제주항공, 진에어, 에어부산, 이스타항공, 티웨이항공, 에어인천 : 8개사)

2) 국내항공운송사업

좌석 수 51석 이상 비행기로 국내선 정기편 또는 국내선 부정기편을 운항하는 사업(대한항공, 아시아나항공, 제주항공, 진에어, 에어부산, 이스타항공, 티웨이항공 : 7개사)

3) 소형항공운송사업

좌석 수 50석 이하 비행기로 여객전세기, 화물전세기, 관광운항 등을 하는 사업(대한항공, 코리아익스프레스에어, 삼성테크윈, 헬리코리아, 블루에어 : 5개사)

4) 항공기사용사업

항공기를 사용하여 농약살포, 항공측량, 산불진화, 조종교육 등을 하는 사업(세진항공, 에어팰리스, 삼아항업, 한국조종사교육원, 한국항공 등 : 50여 개사)

5) 기타

- 항공기 취급업 : 항공기에 대한 급유, 수하물 하역 등 지상조업을 하는 사업
- 항공기 정비업 : 항공기의 정비 등을 하는 사업
- 상업서류 송달업 : 항공기를 사용하여 수출입 관련 서류, 견본품을 송달하는 사업
- 항공기 대여업 : 항공기, 경량항공기, 초경량비행장치를 대여하는 사업
- 항공레저스포츠사업 : 특정 항공기를 사용하여 체험 및 경관조망 등을 하는 사업
- 초경량비행장치사업 : 초경량비행장치를 사용하여 농약살포, 사진촬영 등을 하는 사업

1.5 공항에서 일하는 사람들의 직업 구분

우리나라 15개 공항에는 약 6만 명의 직원이 근무하고 있다. 인천공항에 약 4만 명, 김포공항에 약 1만 명, 김해공항에 3,100여 명, 제주공항에 4,300여 명, 청주 등 중규모 공항은 300 ~ 500명, 군산 등 소규모 공항은 50 ~ 100명 정도이다. 공항 상주직원 외에 조종사가 약 5천 명, 스튜어디스가 약 1만 명 정도 있으니까 전체적으로는 약 7만 5천 명 정도 된다.

공항은 작은 정부라고 할 만큼 많은 분야의 공무원과 공기업, 민간기업 등 각 분야의 종사자들이 일하는 곳이다.

"공항에는 직업의 종류가 몇 개나 있나요?" 라는 질문을 받은 적이 있다. 한국공항공사에 근무하는 직원들을 전문분야별로 분류해 보면 행정직(법률, 경영, 회계, 항공교통 등), 기술직(토목, 건축, 기계, 조경, 전기, 통신전자, 화공, 전산 등)으로 나눌 수 있다. 공항에 상주하는 다른 기관이나 업체도 전문분야별로 직원들이 근무하고 있다. 위의 예에서 보듯이 공항에서 일하는 사람들의 직업의 종류가 몇 개라고 단정하기는 어렵고, 모든 분야 사람들이 근무할 수 있는 곳으로 이해하면 좋겠다.

공항에서 일하는 사람들을 크게 공무원, 공기업, 민간기업으로 나누는 것이 이해하기 쉬울 것 같다(표시구분 : 회사 ♧, 개인 ♥).

1) 공무원

- ♧ 국토교통부(서울지방항공청, 부산지방항공청, 항공교통센터)
- ♧ 세관
- ♧ 출입국관리사무소
- ♧ 국립인천검역소
- ♧ 농림축산검역본부
- ♧ 항공기상청
- ♧ 문화재청
- ♧ 검찰청
- ♧ 병무청
- ♧ 보안기관(국가정보원, 경찰, 국군기무사)
- ♧ 지방자치단체
- ♥ 항공교통관제사(소속 : 국토교통부)

2) 공기업

- ♧ 한국공항공사
- ♧ 인천국제공항공사
- ♥ 항공교통관제사(소속 : 인천국제공항공사)

3) 민간기업

- ♧ ㈜대한항공
- ♧ 아시아나항공(주)

♧ ㈜제주항공

♧ ㈜진에어

♧ 에어부산(주)

♧ 이스타항공(주)

♧ ㈜티웨이항공

♧ 에어인천(주)

♥ 조종사(소속 : 항공사)

♥ 스튜어디스, 스튜어드(소속 : 항공사)

♥ 항공정비사(소속 : 항공사)

♥ 운항관리사(소속 : 항공사)

♧ 지상조업사(한국항공, 아시아나 에어포트 등)

♧ 공항시설 관리 · 운영 협력(용역)사(120여 개사)

1.6 출국 및 입국 과정에서 일하는 사람들

매일 같이 많은 사람이 공항을 통하여 해외로 나가고 국내로 돌아온다. 출국하는 과정과 입국하는 과정에는 많은 공항 사람이 일하고 있다. 공항주차장에 도착해서부터 출국하기까지, 또, 입국해서 공항주차장을 떠날 때까지의 과정을 정리하면 아래와 같다.

1) 출 국

주차장 도착

- 주차 : 공항공사 · 협력사
- 주차 지도, 단속 : 지방자치단체, 공항공사 · 협력사

↓

일반 대합실

- 발권, 수하물 붙이기 : 항공사 · 협력사
- 수하물검사 : 공항공사 · 협력사
  ※ 수상한 물품 발견 시 : 공항공사 · 폭발물 처리반, 경찰, 국정원, 국토교통부, 국군기무사(군인), 문화재청(문화재 밀반출)
- 편의시설(화장실, 짐수레, 엘리베이터 등) 관리 : 공항공사 · 협력사
- 매장 (식당, 기념품 등) : 입점업체
- 출국장 입구 통제 : 공항공사 · 협력사

↓

출국장

- 보안검사 : 공항공사 · 협력사
  ※ 수상한 물품 발견 시 : 공항공사 · 폭발물 처리반, 경찰, 국정원, 국토교통부, 국군기무사(군인), 문화재청(문화재 밀반출)
- CIQ 검사 : 세관, 출입국관리사무소, 검역소

↓

단계	업무 및 담당
격리 대합실	‣ 면세점, 매장 : 입점 업체 ‣ 탑승수속 : 항공사 · 협력사
↓	
탑 승	‣ 탑승교(Boarding Bridge) 관리 : 공항공사 · 협력사 ‣ 승객탑승 : 항공사 · 협력사, 스튜어디스, 스튜어드 ‣ 수하물 싣기, 기름 넣기, 정비 : 지상조업사, 항공정비사 ‣ 비행계획 관리 : 운항관리사, 국토교통부, 항공기상청 ‣ 계류장 이동 : 조종사, 항공교통관제사(계류장관제소)
↓	
비 행	‣ 이륙 : 조종사, 항공교통관제사(관제탑) ‣ 상승 : 조종사, 항공교통관제사(접근관제소) ‣ 비행 : 조종사, 항공교통관제사(항공교통센터) ‣ 기내 서비스 : 스튜어디스, 스튜어드 ‣ 관제권 넘김 : 항공교통관제사(한국 항공교통센터 ⇒ 중국 또는 일본 항공교통센터)

2) 입 국

단계	내용
비 행	▸ 관제권 받음 : 항공교통관제사(중국 또는 일본 항공교통센터 ⇒ 한국 항공교통센터) ▸ 비행 : 조종사, 항공교통관제사(항공교통센터) ▸ 기내 서비스 : 스튜어디스, 스튜어드 ▸ 하강 : 조종사, 항공교통관제사(접근관제소) ▸ 착륙 : 조종사, 항공교통관제사(관제탑)
↓	
하 기	▸ 계류장 이동 : 조종사, 항공교통관제사(계류장관제소) ▸ 탑승교(Boarding Bridge) 관리 : 공항공사 · 협력사 ▸ 수하물 내리기, 기내청소, 정비 : 지상조업사, 항공정비사
↓	
입국장	▸ CIQ 검사 : 세관, 출입국관리사무소, 검역소 ▸ 수하물 검사 : 세관, 검역소, 마약탐지견
↓	
일반 대합실	▸ 입국장 입구 통제 : 공항공사 · 협력사 ▸ 편의시설(화장실, 짐수레, 에스컬레이터 등) 관리 : 공항공사 · 협력사 ▸ 관광안내, 민원발급 : 지방자치단체
↓	
주차장 출발	▸ 주차 지도, 단속 : 지방자치단체, 공항공사 · 협력사 ▸ 출차 : 공항공사 · 협력사

3) 기 타

- 공항공사, 항공사, 지상조업사 지도 감독 : 국토교통부
- 입점 업체 지도 감독 : 공항공사
- 공항시설 관리 · 유지보수, 경비, 소방, 환경미화 : 공항공사 · 협력사
- 항행안전시설 관리 · 유지보수 : 공항공사

2장 공항에서 일하는 사람들

2.1 항공 전문 직종

2.2 공무원

2.3 공기업

2.4 민간기업

2.1 항공 전문 직종

2.1.1 조종사(운항승무원)

사람은 누구나 사는 동안 멋지게 살고 싶은 욕망이 있다. 공항에서는 비행을 마치고 유니폼 차림으로 가방(Flying Bag)을 끌고 스튜어디스들과 함께 걸어 나오는 조종사의 멋진 모습을 자주 볼 수 있다.

전 세계 공통으로 조종사의 유니폼 어깨와 소매에는 한 줄부터 네 줄의 띠가 있다. 줄 하나는 조종교육생, 두 줄은 자격취득자, 세 줄은 부기장, 네 줄은 기장이다.

이 띠가 의미하는 것은 무엇일까? 저자는 이 세 줄, 네 줄의 띠는 단순히 계급을 나타내는 것만은 아니라고 생각한다. 수백 명의 승객을 안전하게 수송하고, 만약 위험에 처했을 때는 마지막 한 명까지 구출하고 최후에 탈출하는 멋진 책임을 다하라는 뜻이라고 생각한다. 조종사는 누구나 선망하는 멋진 직업인 것 같다.

1) 하는 일

조종사는 승객이나 화물을 수송하기 위해 항공기를 조종하는 사람이다. 비행 전에 목적지, 항로, 연료량, 기상 조건 등의 비행 스케줄을 확인하고, 항공기 주변을 돌면서 항공기 상태를 점검하며, 조종실에 들어가서는 체크리스트에 따라 항공기의 각종 시스템들을 확인한다.

승객과 화물 탑승이 완료되면 항공교통관제사로부터 출발허가를 받고 출발한다. 유도로를 거쳐 활주로 시작점에서 다시 이륙허가를 받고 이륙한다. 이륙하고 나면 랜딩기어(바퀴)를 접어 넣고 일정고도까지 상승한 후 자동비행장치(Auto Flight Mode)로 전환하여 비행한다. 비행하는 동안 항공기의 상태를 계속해서 확인하며, 항공교통관제사와 무선통신을 통하여 연락을 주고받으면서 비행한다.

비행 중 항공기의 책임자(기장)로서 승무원을 지휘 · 감독하며, 승객의 인명과 재산 및 항공기 안전운항에 대한 책임을 진다. 항공기에 위험한 상황이 발생하면 승객을 우선 구조하고, 관계 당국에 보고한다.

목적지 공항에 접근하면 항공교통관제사로부터 착륙허가를 받고 랜딩기어(바퀴)를 내린 후 활주로에 착륙한다. 유도로를 거쳐 계류장으로 이동한 후 지정받은 주기장에 항공기를 멈추고 시동을 끈다. 운항과 관련된 주요 사항을 기록하고 주요사항은 보고한다.

항공기 점검

조종실내 시스템 점검 ©아시아나항공

2) 근무 여건

전 세계 항공업계에는 조종사 쟁탈전이 뜨겁다. 미국에서는 조종사 부족이 갈수록 심해지고 있다. 로스앤젤레스타임스에 따르면 미국에서 퇴직하는 조종사는 급증하는 반면 새로 배출되는 조종사가 부족해 일부 항공사는 국내선 취항 편수를 줄여야 할 상황이라고 한다. 항공 전문회사인 보잉사와 에어버스사의 전망은 2030년까지 약 46만 명의 신규조종사가 필요할 것으로 예상했으며, 아시아 · 태평양지역은 2031년까지 연간 8~9천 명의 조종사가 부족할 것으로 예상한다.

조종사 부족 문제는 우리나라도 예외가 아니다. 민간항공사에서는 군 경력 조종사를 우대하고 있는 반면, 군에서는 군 조종사가 민간항공사로 가는 것을 최소화하려고 노력하고 있는 실정이다.

정부에서는 조종사 부족문제를 해결하기 위하여 오는 2017년까지 2천 명의 항공기 조종사를 양성하는 내용의 항공인력 양성계획을 확정했다. 이는 정부, 군, 항공사, 대학이 협력해 매년 500명씩의 조종사를 양성한다는 계획이다.

현재 우리나라에는 약 5천 명의 조종사가 있다. 항공사별로는 대한항공이 2,700여 명으로 제일 많고 아시아나항공 1,300여 명, 제주항공 200여 명, 진에어 160여 명, 에어부산 150여 명, 이스타항공 120여 명, 티웨이항공 100여 명, 에어인천 10여 명이다. 그리고 항공사 외에 국가기관 등에 150여 명, 사업체 등에 270여 명이 있다.

조종사는 누구나 부러워하는 멋진 전문직업인으로서 정년을 보장받으면서 많은 연봉을 받는다. 세계 여러 나라를 여행할 수 있고 비교적 자유시간도 많은 편이다. 물론 언제든 위험한 상황에 처할 수 있고, 막중한 책임감 때문에 스트레스가 많은 점도 있다.

조종사의 생활은 비행스케줄에 의해 결정된다. 평일, 주말, 공휴일, 명절 같은 것은 무의미하다. 오히려 명절이나 휴가철이 되면 더 바빠진다. 가족과 떨어져 지낼 때도 많지만 가족과 함께 세계 여러 나라를 저렴한 비용으로 여행할 기회 또한 많다. 조종사의 근무와 관련된 자세한 내용은 〈항공법시행규칙 별표24 : 조종사(운항승무원)의 승무시간 등 기준〉을 참고하기 바란다.

조종사(기장)의 연봉은 본봉과 비행수당을 합쳐 대략 1억 2천만 원에서 1억 8천만 원 수준이고, 부조종사(부기장)는 대략 7천만 원에서 1억 2천만 원 수준이다. 물론 항공사마다 차이가 있다.

조종사도 직급체계가 있다. 직급체계는 부조종사 ⇒ 선임부조종사 ⇒ 기장 ⇒ 선임기장 ⇒ 수석기장 순이다.

조종사는 65세까지 일할 수 있다고 보면 된다. 조종사 부족으로 인해 앞으로 더 오래 일할 수 있을 것으로 예상된다.

3) 필요 자격

조종사의 업무는 체크리스트에 따라 점검하는 일의 연속이라고 할 수 있으므로 꼼꼼한 성격을 가진 사람이 더 잘 맞는다고 할 수 있다.

조종사는 전 세계를 비행하므로 모든 나라는 UN 산하 기구인 국제민간항공기구 ICAO(International Civil Aviation Organization)의 권고에 따라 조종사의 신체조건, 영어구술능력 등 자격요건을 엄격하게 적용한다.

조종사가 되기 위하여는 다음과 같은 자격증이 필요하다. 자가용 조종사자격증명(자격증), 사업용 조종사자격증명, 부조종사자격증명, 운송용 조종사자격증명 중 1개 이상이 있어야 하며, 비행교관이 되기 위하여는 조종교육자격증명, 계기비행을 위하여는 계기비행자격증명이 있어야 한다. 또, 항공신체검사증명 제1종, 항공영어구술능력증명 4등급이상, 항공무선통신사자격증도 필요하다.

조종사자격증명을 취득하려면 비행경력을 쌓아야 하는데 자가용조종사는 40시간, 사업용조종사는 200시간, 부조종사는 240시간, 운송용조종사는 1,500시간 이상 이어야 한다. 조종사의 자격취득과 관련된 자세한 내용은 <항공법시행규칙 별표 10 : 자격증명시험 및 한정심사의 과목 및 범위>를 참고하기 바란다.

항공신체검사증명 제1종을 취득하려면 지정된 병원에서 신체검사를 받아야 한다. 항공법에서 정한 항공신체검사는 총 14가지 항목을 검사하도록 되어 있다.

1. 일반 2. 호흡기 계통 3. 순환기 계통 4. 소화기 계통
5. 혈액 및 조혈장기 6. 정신계 7. 신경계
8. 운동기 계통 9. 신장 · 비뇨 · 생식기 계통
10. 눈 11. 이비인후과 · 구강 및 치과 12. 시 기능
13. 청력 14. 종합이다.

이중 특히 눈과 관련된 항목에 관심이 많은데 중요한 내용을 요약하면, 눈 굴절상태에 영향을 주는 수술을 받지 않았을 것, 녹내장이 없을 것, 야간시력이 정상일 것, 색각이 정상일 것, 안경을 끼지 않고 또는 안경을 끼고 원거리시력 1.0이상, 근거리시력 0.5 이상 일 것 등이다. 신체검사와 관련된 자세한 내용은 【부록 3 항공신체검사증명의 종류와 그 유효기간】과 【부록 4 항공신체검사기준】을 참고 하기 바란다.

또한, 관련학교 입학 때나 항공사 입사 때도 각각 항공신체검사 기준을 정하고 있으므로 각각의 홈페이지를 방문하여 확인할 필요가 있다.

항공영어구술능력증명은 발음, 문법, 어휘력, 유창성, 이해력, 응

대능력 등을 테스트하는데 최고 6등급부터 4등급까지만 자격으로 인정받고 3등급이하는 인정받지 못한다.

유효기간은 6등급은 영구, 5등급은 6년, 4등급은 3년이므로 유효기간 만료 전에 다시 시험을 봐야한다.

항공영어구술능력 증명과 관련된 업무는 국토교통부로부터 업무위탁을 받은 G-TELP(www.gtelp.co.kr)와 IAES(www.iaes.co.kr)에서 담당한다. 각각의 홈페이지에서 자세한 내용을 파악 할 수 있다.

항공무선통신사 자격증은 항공기의 무선통신기기를 사용하기 위하여 필요하다. 항공무선통신사 자격증과 관련된 업무는 한국방송통신전파진흥원(www.kca.kr)에서 담당한다. 홈페이지를 방문하면 자세한 내용을 알 수 있다.

4) 되 는 길

조종사는 매우 좋은 대우를 받는 만큼 되는 길은 매우 어렵고 복잡한 과정을 거쳐야 한다. 조종사가 되는 길은 크게 민간 항공기 조종사가 되는 길과 군 항공기 조종사가 되는 길이 있다. 물론 군 항공기 조종사를 거쳐 민간 항공기 조종사로 이직할 수 있다.

민간 항공기 조종사가 되기 위하여는 대략 1년 반 정도의 기간과 1억 원 정도의 돈이 들어가며, 군 항공기 조종사는 정부에서 전액 지원하므로 돈이 들어가지 않는다.

조종사가 되는 과정은 "①교육받기 ⇒ ②조종배우기 ⇒ ③자격증 취득하기 ⇒ ④비행경력 쌓기 ⇒ ⑤취직하기" 순이라고 할 수 있다.

① 교육받기

민간항공기 조종사가 되려면 항공운항학과가 있는 대학을 가는 게 바람직하다. 물론 일반대학에 가도 길은 있다.
항공운항학과가 있는 4년제 대학은 한국항공대학교, 한서대학교, 한국교통대학교, 경운대학교, 극동대학교, 청주대학교, 초당대학교, 중원대학교 등 8개 학교가 있고, 2년제 대학은 군장대학교가 있다.
한국항공대학교는 가장 전통이 있는 학교이며 경기도 고양에 조종실습을 할 수 있는 활주로를 가지고 있다. 한서대학교는 새롭게 항공분야의 강자로 자리매김하고 있는 학교이며 충남 태안에 활주로를 가지고 있다. 나머지 대학들은 이제 시작단계에 있다고 보면 되겠으며 자체 활주로는 없다. 한국교통대학교는 국립이라서 학비가 저렴한 장점이 있다.
공군 조종사가 되려면 공군사관학교에 가는 게 바람직하다. 그 외 공군 ROTC(Reserve Officers' Training Corps)제도가 있는 한국항공대학교, 한서대학교, 한국교통대학교에 가거나, 공군 조종 장학생 제도 또는 공군 조종장교 후보생 선발제도가 있는 일반대학에 가는 길도 있다. 자세한 내용은 공군본부 홈페이지(www.airforce.mil.kr)에서 확인하기 바란다.
해군 조종사 또는 육군 조종사가 되는 길은 해군사관학교 또는 육군사관학교에 가거나, ROTC 제도 또는 대학 군장학생 제도가 있는 일반대학에 가는 길이 있다.

② **조종배우기**

조종을 배울 수 있는 곳은 한국항공대학교의 수색비행훈련원(경기 고양)과 한서대학교의 태안비행교육원(충남 태안)이 있고, 정부 및 한국공항공사에서 관리하는 울진비행훈련원(경북 울진)이 있으며, 그 외 국내 사설 비행교육원 과 해외 비행교육원이 있다. 군에는 공군비행교육부대가 있다.

수색비행훈련원은 한국항공대학교 소유이며, CPC(Civil Pilot Course) 과정, APP(Airlines Pilot Program) 과정 및 MPC (Military Pilot Course) 과정이 있는데, CPC 과정은 자교 항공운항학과 학생들을 대상으로 계기비행/사업용 조종사 자격을 취득하도록 하는 과정이며, APP 과정은 자교 CPC 과정 이수자 등 항공운항학과 졸업생과 일부 일반대학교 졸업생을 선발해서 비행경력 1,000시간을 충족시킨 후 최종적으로는 대한항공 입사를 목표로 하고 있다. MPC 과정은 공군과 해군 조종사가 되는 과정으로 군에서 지원하는 장학금을 받으며 계기비행/자가용 조종사 자격을 취득하고 장교로 군 복무를 하게 된다. 자세한 내용은 한국항공대학교(www.kau.ac.kr) 항공운항학과 홈페이지를 검색해 보기 바란다.

태안비행교육원은 한서대학교 소유이며, AAPC(Asiana Airlines Pilot Course) 과정, ABPC(Air Busan Pilot Course)과정, FIC (Flight Instructor Course)과정 및 군 조종사가 되기 위한 AFPC (Air Force Pilot Course) 과정과 NPC(Navy Pilot Course) 과정이 있는데, AAPC과정은 비행경력 250시간을 쌓고 자가용/계기비행/사업용 조종사 자격을 취득하며 아시아나항공 입사를 목표로 하고 있고, ABPC과정도 AAPC과정과 비슷하며 에어부산 입사를 목표로 한다. FIC과정은 비행경력이 있는 졸업자를 대상으로 비행교관자격을 취득하도록 하고 있다. 또, AFPC과정은 공군 조종사를 목표로 하고, NPC과정은 해군 조종사를 목표로 하는데 교육과정은 한국항공대학교와 비슷하다. 자세한 내용은 한서대학교(www.hanseo.ac.kr) 항공운항학과 홈페이지에서 확인하기 바란다. 그리고 항공운항학과가 있으면서 자체보유 활주로가 없는 극동대학교, 경운대학교 등은 한서대학교의 태안비행교육원 활주로를 이용하여 비행실습을 하고 있다.

울진비행훈련원은 당초 울진공항으로 건설하였으나 항공수요가 없어 공항으로 개항하지 못하고 비행훈련원으로 용도를 변경한 곳이다.
정부에서는 국내 조종사 부족문제를 해소하기 위하여 국책사업으로 울진비행훈련원을 지원하고 있다. 한국공항공사에서 비행장시설을 총괄 관리하며, 국토교통부에서 직접 관제업무를 지원하고, 한국항공진흥협회에서 교육훈련사업자를 관리한다.
울진비행훈련원의 모집요건은 항공신체검사자격 제1종 및 TOEIC

700점 이상 취득자면 누구나 신청이 가능하며 학력과는 무관하게 지원할 수 있다. 교육과정은 통합사업용 조종사 과정을 운영하며, 사업용조종사, 계기비행증명자격 등을 취득할 수 있다. 교육기간은 개인의 능력이나 기상에 따라 약 1년에서 1년 반이 소요되며, 교육비용은 약 5천만 원 정도이고 정부에서 1인당 900만 원을 지원해준다.

1단계 사업은 2010년에 시작하여 2014년에 마무리되었는데, 한국항공대학교와 한서대학교가 교육훈련사업자로 선정되어 총 140명의 사업용조종사를 배출하였으며, 취직은 국내 항공사 부기장 60명, 항공기사용사업체 부기장 및 비행교관 35명으로 약 70%의 높은 취업률을 나타냈다.

2단계 사업은 2014년부터 5년간이며, 교육훈련사업자로 한국항공대학교와 한국항공직업전문학교가 선정되었다. 교육생 모집요건, 교육과정, 교육비 등은 1단계와 같다고 보면 된다. 2단계에서는 매년 140명의 사업용조종사를 양성할 예정이다. 자세한 내용은 한국항공진흥협회(www.goaviation.or.kr)와 한국항공대학교(www.kau.ac.kr) 및 한국항공직업전문학교(www.kac.ac.kr) 홈페이지를 검색해 보기 바란다.

국내 사설 비행교육원은 한국조종사교육원, 한국항공등 10여개 업체가 전국에서 일반인을 대상으로 비행교육을 시키고 있다.

해외 비행교육원은 미국, 캐나다, 호주의 비행교육원이 대표적이나 미국 FAA(Federal Aviation Administration)의 조종사 자격증을 선호하고 있다.

공군 비행교육부대에서는 1년 6개월 동안 초등, 중등, 고등비행 훈련을 받게 되며, 초등비행훈련을 이수하면 경항공기조종사가 되고, 중등비행훈련을 이수하면 수송기 및 헬기 조종사가 될 수 있으며, 고등비행훈련을 이수하면 전투기 조종사가 되고 자가용 조종사 자격증명과 사업용 조종사 자격증명을 취득하게 된다.

한편 **한국공항공사**에서는 정부의 조종사 양성정책에 발맞추어 조종사 양성사업을 추진하고 있다. 항공종사자 양성을 위한 교육훈련사업 및 이에 필요한 훈련시설의 설치 · 운영사업을 할 수 있도록 한국공항공사법을 개정하였으며, 전담팀도 구성하였다. 울진비행훈련원의 이 · 착륙 횟수가 활주로 용량을 초과하는 등 국내 비행훈련원의 활주로 용량이 한계에 도달함에 따라, 활주로 이용률이 낮고 여유시설이 많은 무안국제공항 등 지방공항에 비행교육 인프라를 구축하여, 항공운항학과가 있으면서 자체 보유 활주로가 없는 대학교 등 비행교육기관의 어려움을 해소하고자 할 뿐만 아니라 고등비행 훈련과정 등 교육훈련 프로그램을 고도화해 나갈 계획이다. 이 계획이 시행되면 우리나라의 조종사 양성에 획기적인 변화가 올 것으로 예상한다.

③ 자격증 취득하기

조종사 자격증을 취득하기 위하여는 학과시험과 실기시험을 봐야 하는데, 학과시험과목은 항공법규, 공중항법, 항공기상, 비행이론, 항공교통 · 통신 · 정보업무이며, 실기시험은 조종기술, 계기비행절차, 무선기기 취급법, 공지통신 연락, 항법기술 등이다.

자세한 내용은 〈항공법시행규칙 별표10 : 자격증명시험 및 한정심사의 과목 및 범위〉를 참고 하기 바란다.
조종사는 최종적으로 운송용조종사(운송용기장)를 목표로 하는데, 운송용조종사가 되는 과정은 자가용조종사 ⇒ 사업용조종사 ⇒ 운송용조종사가 되거나, 부조종사 ⇒ 운송용조종사가 되는 방법이 있다.
그 외 필요한 자격은 앞에서 조종사의 필요 자격을 이미 설명하였으므로 여기서는 생략하기로 하겠다

④비행경력 쌓기

조종사가 되려는 사람들의 가장 큰 관심사항은 항공사들이 요구하는 비행경력을 어떻게 쌓을 것이냐 하는 것이다.
조종경력을 쌓는 제일 좋은 방법은 조종교관으로 일을 하면서 보수도 받고 자기 비행경력도 쌓는 방법이다. 조종교관으로 일할 수 있는 곳은 수색비행훈련원, 태안비행교육원, 울진비행훈련원이 있으며, 국내 사설 비행교육원에서 조종교관으로 일할 수도 있다. 또, 자기가 비용을 내고 국내 사설 비행교육원이나 해외 비행교육원에서 비행경력을 쌓을 수도 있다.
군 조종사는 군 복부 기간 동안 비행경력을 쌓으면 된다.

⑤ 취직하기

조종사로 취직할 수 있는 대표적인 곳은 국내 · 국제 항공운송사업체인 항공사들이다. 그 외 소형운송사업체, 항공기사용사업

체와 항공기 보유 기관 및 업체가 있다.

대한항공에 취직하려면 비행경력 1,000시간 이상이며 사업용조종사자격, 계기비행자격 등을 갖추고, 항공영어 구술능력 증명 4등급 이상 인 자라야 입사할 수 있으며, 한국항공대학교의 APP과정 이수자도 입사가 가능하다. 군 경력자는 우대하며 요구하는 비행시간이나 자격은 민 경력자와 같다.

아시아나항공에 취직하려면 비행경력 250시간 이상이며 사업용조종사자격, 계기비행자격 등을 갖추고, TOEIC 800점 이상인 자라야 한다. 또, 운항인턴조종사로 취직할 수 있는데 학사학위 소지자로 TOEIC 800점 이상과 TOEIC Speaking 5등급 이상인 자를 선발하여 별도의 조종교육을 시키는 제도이다. 군 경력자는 우대하며 요구하는 비행시간은 1,000시간이고 자격은 대한항공과 같다.

저비용항공사인 제주항공, 진에어, 에어부산, 이스타항공과 티웨이항공에 취직하기 위해서는 비행경력 250시간 이상이고 사업용조종사 자격과 계기비행자격을 갖추어야 한다.

또, 취직이 가능한 항공사로는 항공화물만 운송하는 에어인천과 국내에 취항하는 70여 개의 외국 항공사가 있다.

그 밖에 취직이 가능한 곳은 전세기운항이나 관광운항사업을 하는 5개의 소형운송사업체와 농약 살포나 조종교육사업을 하는 50여 개의 항공기사용사업체가 있다. 또, 항공기를 가지고 있는 경찰청, 산림청 같은 국가기관 및 언론사, 개인회사 같은 일반업체가 있다.

☑ 교육 받기

항공운항학과가 있는 대학	한국항공대학교 한서대학교 한국교통대학교	- 공군 ROTC - 군 조종장학생
	경운대학교 극동대학교 청주대학교 초당대학교 중원대학교 군장대학교(2년제)	- 군 조종장학생

일반대학	- 군 조종장학생

공군사관학교

☑ 조종 배우기

한국항공대학교 수색 비행훈련원		
항공대 생 (일반대졸업자)	➔	CPC, APP, MPC 자가용, 사업용, 조종교관 등

한서대학교 태안 비행교육원		
한서대 생 (사용협정 대생)	➔	AAPC, ABPC, FIC, AFPC, NPC 자가용, 사업용, 조종교관 등

한국항공대학교 울진 비행훈련원		
희망자	➔	자가용, 사업용, 조종교관 등 통합사업용조종사

한국항공직업전문학교 울진 비행훈련원		
희망자	➔	자가용, 사업용, 조종교관 등 통합사업용조종사

국내사설 비행교육원		
희망자	➔	자가용, 사업용 등

해외 비행교육원		
희망자	➔	자가용, 사업용 등

공군 비행교육부대		
사관학교 생 공군 ROTC 군조종장학생	➔	초등훈련(경항공기) 중등훈련(수송기,헬기) 고등훈련(전투기)

☑ **비행경력 쌓기**

조종교관으로 근무	- 수색 비행훈련원 - 태안 비행교육원 - 울진 비행훈련원 (한국항공대학교,한국항공직업전문학교) - 사설 비행교육원
사설 비행교육원에서 자비 비행	세진항공, 한국항공 등 10 여개 업체
해외 비행교육원에서 자비 비행	미국, 캐나다, 호주 등
군 복무	공군, 해군, 육군 조종사

☑ 취직하기

국내·국제 운송사업체(8개사)	비고
대한항공	✓ 비행경력 1,000시간 이상자 ✓ 항공대의 대한항공 조종훈련생 ✓ 군 경력자
아시아나항공	✓ 비행경력 250시간 이상자 ✓ 한서대의 아시아나항공 조종사 양성 생 ✓ 군 경력자
제주항공 진에어 에어부산 이스타항공 티웨이항공 에어인천	✓ 비행경력 250 시간 이상자 ✓ 군 경력자

외국 항공사 (국내 취항 70여개사)

소형운송사업체(5개사)

항공기 사용 사업체(50여개사)

항공기 보유 기관 및 업체(20여개)

2.1.2 스튜어디스, 스튜어드(객실승무원)

스튜어디스(Stewardess)는 여자 객실승무원을 말하고, 스튜어드(Steward)는 남자 객실승무원을 말한다. 항공사에 따라 객실승무원을 캐빈(Cabin)승무원이라고도 하고, 스튜어디스를 캐빈어텐던트(Cabin attendant)라고도 한다.

공항에서뿐만 아니라 공항 부근 길거리에서도 유니폼을 입고 가방(Flying bag)을 끌고 다니는 멋진 모습의 스튜어디스들을 자주 볼 수 있다. 세련된 유니폼에 스카프를 날리며 자신만만하게 걸어가는 모습은 보기만 해도 멋지다. 그 멋진 모습에 많은 여학생이 장래 희망으로 스튜어디스를 꿈꾸고 있는 것 같다.

1) 하는 일

스튜어디스는 항공기 내 안전 및 고객 서비스를 제공한다. 비행 전 객실 내 비상장비, 의료장비 및 서비스 물품을 점검하고, 운항 중 승객의 안전과 쾌적한 객실환경을 조성한다. 승객탑승, 착석완료 및 휴대품 보관 상태를 확인하고 승객에게 안전 브리핑을 실시한다. 좌석안내, 기내방송, 식사 및 음료수 제공과 기내 면세물품을 판매한다. 항공기에 위험한 상황이 발생하면 승객을 우선 구조하며, 비상탈출 상황 발생 시 신속하고 안전하게 탈출할 수 있도록 돕는 일을 한다.

기내 서비스

기내 서비스 ©아시아나항공

2) 근무 여건

스튜어디스의 근무여건은 조종사와 비슷하다. 모든 생활은 비행 스케줄에 의해 결정되며, 명절과 공휴일에는 더 바빠진다. 항공사에서는 자사직원들에게 저렴하게 항공권을 이용할 수 있도록 하고 있다. 물론 비수기 때 빈자리가 있을 때 이용 가능하지만, 가족과 함께 세계 여러 나라를 저렴한 비용으로 여행할 기회가 많다.

스튜어디스는 누구나 부러워하는 멋진 전문직업인이다. 물론 승객에게 친절하게 응대하여야 하는 스트레스와 언제든 위험한 상황에 처할 수 있다는 점도 있다.

스튜어디스의 근무와 관련된 자세한 내용은 〈항공법시행규칙 별표25 : 스튜어디스(객실승무원)의 비행근무시간 및 휴식시간 기준〉을 참고 하기 바란다.

현재 우리나라에는 약 1만여 명의 스튜어디스가 있다. 항공사별로는 대한항공이 6,000여 명으로 제일 많고 아시아나항공 3,800여명, 제주항공 320여 명, 진에어 220여 명, 에어부산 240여 명, 이스타항공 190여 명, 티웨이항공 150여 명이다.

스튜어디스의 연봉은 대략 3천만 원에서 8천만 원 수준이다. 물론 항공사마다 차이가 있다.

스튜어디스도 직급체계가 있다. 직급체계는 수습승무원 ⇒ 승무원 ⇒ 부사무장 ⇒ 사무장 ⇒ 선임사무장 ⇒ 수석사무장 순이다.

스튜어디스의 정년은 55세까지라고 보면 된다. 퇴직 후 서비스 강사로 활동하는 사람이 많다.

3) 되는 길

스튜어디스는 자격증이 필요 없다. 스튜어디스 관련 교육을 이수하고 항공사 입사 시험에 합격하면 스튜어디스가 될 수 있다.

스튜어디스가 되는 과정은 "① 교육받기 ⇒ ② 취직하기" 순이라고 할 수 있다.

① **교육받기**

스튜어디스가 되려면 항공서비스학과가 있는 2년제 대학을 가는 게 바람직하다. 물론 다른 길도 있다.
항공서비스학과가 있는 2년제 대학은 인하공업전문대학, 수원과학대학교, 한국영상대학교, 연성대학교, 장안대학교, 신구대학교, 부천대학교, 대림대학교, 한국관광대학교, 두원공과대학교 등이 있고, 4년제 대학은 한국항공대학교, 한서대학교, 극동대학교, 중부대학교, 초당대학교 등이 있다. 일반 사설학원도 많은데 한국항공직업전문학교, 아세아항공직업전문학교, 코세아스튜어디스학원, KOREA승무원아카데미, ANC승무원학원 등이 있다.
각 대학 및 학원들은 각자 홈페이지를 운영하고 있으므로 자세한 교육내용은 각각의 홈페이지에서 확인하기 바란다.

② **취직하기**

스튜어디스로 취직할 수 있는 곳은 항공운송사업체인 대한항공, 아시아나항공, 제주항공, 진에어, 에어부산, 이스타항공, 티웨이항공 같은 항공사들이다. 그 외 국내에 취항 중인 70여 개의 외국 항공사도 있다.
일부 항공사의 채용 조건을 보면 학력은 2년제 대학졸업 이상, 키 162Cm 이상, 교정시력 1.0이상, 영어 TOEIC 550점 이상을 요구하고, 스튜어드는 영어 TOEIC 750점 이상을 요구하고 있다. 채용 전형절차를 보면 서류전형 ⇒ 1차 면접 ⇒ 2차 면접(영어구술) ⇒ 최종 면접(임원) ⇒ 적성검사 ⇒ 건강진단(체력TEST) ⇒ 합격 순이다.

채용은 항공사마다 필요 시 수시로 채용하고 있으므로 수시로 해당 항공사의 홈페이지를 확인하여야 한다.

☑ 교육 받기

2년제 대학	인하공업전문대학 수원과학대학교 한국영상대학교 연성대학교 장안대학교 신구대학교 부천대학교 대림대학교 한국관광대학교 두원공과대학교 등
4년제 대학	한국항공대학교 한서대학교 극동대학교 중부대학교 초당대학교 등
학 원	한국항공직업전문학교 아세아항공직업전문학교 코세아스튜어디스학원 KOREA 승무원아카데미 ANC 승무원학원 등

☑ 취직 하기

국내·국제 운송사업체(7개사)	항공사(일부) 요구사항
- 대한항공 - 아시아나항공 - 제주항공 - 진에어 - 에어부산 - 이스타항공 - 티웨이항공	학　　력 : 2년제 대학 졸업자 이상 키　　: 162 Cm 이상 교정시력 : 1.0 이상 영　　어 TOEIC 550점 이상 (스튜어드 750점 이상)

외국 항공사 (국내 취항 70여개사)

2.1.3 항공정비사

항공정비사는 항공정비사 자격증을 취득하고 항공기를 정비하는 전문기술직이다. 조종사와 마찬가지로 항공기가 있는 곳이면 항상 정비사가 있어야 항공기 운항이 가능하다. 대부분 정비사 하면 자동차 정비사를 생각하기 쉬운데, 항공기 정비는 대부분 컴퓨터 프로그램 제어를 통해 정비가 이루어지며, 정비지침서(Maintenance Manual) 절차에 따라 정비를 수행하므로 일부 정비 업무를 제외하고는 아주 깔끔한 환경에서 근무한다.

항공산업의 성장과 함께 항공기의 도입은 꾸준히 늘어나고 있고 항공정비사의 부족 문제는 조종사 부족과 함께 장기간 계속될 전망이다. 이러한 시대적 흐름에 맞추어 항공정비사의 인기는 갈수록 높아져 많은 젊은이들이 항공정비사를 꿈꾸고 있는 것 같다.

1) 하는 일

항공정비사는 항공기의 안전운항을 위하여 항공기의 모든 기능이 최적의 상태를 유지하게 하는 업무를 수행한다. 항공기 정비는 크게 경정비와 중정비로 구분하는데 경정비는 항공기 계류장지역 등에서 운항 전 · 후 점검을 비롯, 윤활유 보충 등 간단한 부품교환을 하는 것이고, 중정비는 격납고 내에서 엔진 등 주요부품을 교환하는 정비이다. 항공정비사의 업무범위는 【부록 2 자격증명별 업무범위】를 참고하기 바란다.

경정비

중정비 ©대한항공

2) 근무 여건

항공정비사의 근무여건은 그리 만만하지만은 않다. 대부분의 항공기 정비가 항공기 내 또는 격납고 내에서 이루어지지만 외부에서 해야 할 때도 많다. 공항은 대부분 넓은 개활지에 있으므로 겨울철에는 찬바람 때문에, 여름철에는 계류장 아스팔트의 복사열 때문에 정비에 어려움을 겪기도 한다. 또한, 항공기 정비는 최종 정비사의 서명이 있어야 종료되며 서명한 정비사는 그 항공기가 운항이 종료될 때까지 책임을 져야 한다.

항공기는 24시간 운항되므로 근무도 스케쥴 근무를 하여야 한다. 근무장소는 대부분 인천, 김포, 김해, 제주국제공항 등 큰 공항에서 근무하며 작은 공항에는 소수인원들만 근무하고 있다. 또한, 외국에도 일부 인원들이 근무하고 있다. 우리나라에는 약 4천여 명의 항공정비사가 있다. 항공사별로는 대한항공이 2,300여 명으로 제일 많고 아시아나항공 1,200여 명, 제주항공 150여 명, 진에어 20여 명, 에어부산 20여 명, 이스타항공 80여 명, 티웨이항공 60여 명, 에어인천 10여 명이다. 진에어와 에어부산의 항공정비사가 상대적으로 적은 이유는 대한항공과 아시아나항공에 항공기 정비를 위탁하고 있기 때문이다. 그리고 항공사 외에 국가기관 등에 120여 명, 사업체 등에 260여 명이 있다.

항공정비사의 연봉은 대략 3천만 원에서 8천만 원 수준이다. 물론 항공사마다 차이가 있다. 항공정비사의 직급체계는 항공사마다 다소 다르긴 하지만 보통 기술기사 ⇒ 선임기술기사 ⇒ 기술감독 ⇒ 선임기술감독 ⇒ 수석기술감독 순이다.

항공정비사의 정년은 55세이나 정비사의 부족으로 인하여 정년 후에도 자기의 능력에 따라 계약직 형태로 계속 일할 수 있다고 보면 된다.

3) 되는 길

항공정비사가 되기 위하여는 자격증이 필요하다. 항공정비사 관련 교육을 이수하고 자격증을 취득한 후 입사 시험에 합격하면 항공정비사가 될 수 있다.

항공정비사가 되는 과정은 "① 교육받기 ⇒ ② 자격증 취득하기 ⇒ ③ 취직하기" 순이라고 할 수 있다.

① 교육받기

항공정비사가 되려면 항공정비 관련 학과가 있는 2년제 대학을 가는 게 바람직하다. 물론 다른 길도 있다.

항공정비 관련 학과가 있는 2년제 대학은 인하공업전문대학, 한국폴리텍대학, 군장대학교, 고구려대학교, 대구공업대학교 등이 있고, 4년제 대학은 한서대학교, 극동대학교, 초당대학교, 경운대학교, 중원대학교 등이 있다. 일반 사설학원도 많은데 서울한서항공직업전문학교, 한국항공직업전문학교, 인하항공직업전문학교, 아세아항공전문학교, 청연직업전문학교 등이 있다.

고등학교를 졸업하고 군 부사관으로 가서 군 복무를 하면서 군 항공기를 정비한 후에 민간 항공사의 항공정비사로 가는 길도 있다. 군 부사관으로 갈 수 있는 고등학교는 공군항공과학고등학교, 정석항공과학고등학교, 경북항공고등학교, 강호항공고등학교 등이 있다. 각 학교 및 학원들은 각자 홈페이지를 운영하고 있으므로 자세한 내용은 각각의 홈페이지에서 확인하기 바란다.

② **자격증 취득하기**

항공정비사 자격증을 취득하기 위하여는 교통안전공단에서 시행하는 자격증명시험에 합격하여야 한다. 항공정비사의 응시경력은 〈항공법시행규칙 별표9 : 응시경력 〉을 참고하기 바라며, 항공정비사의 학과시험 및 실기시험의 자세한 내용은 〈항공법시행규칙 별표10 : 자격증명시험 및 한정심사의 과목 및 범위〉를 참고하기 바란다.

③ **취직하기**

항공정비사로 취직할 수 있는 곳은 항공운송사업체인 대한항공, 아시아나항공, 제주항공, 진에어, 에어부산, 이스타항공, 티웨이항공, 에어인천 같은 항공사들이다. 일부 항공사의 채용 조건을 보면 학력은 2년제 대학졸업 이상, 항공정비사 자격증 소지자, 영어는 항공기 정비 설명서 독해가 가능하여야 한다. 항공사 외에 항공기를 보유한 소형운송사업체, 항공기사용사업체, 국가기관 및 업체, 항공기 생산 및 부품제조업체에서도 항공정비사를 채용하고 있다.

채용은 각 회사 마다 필요할 때 수시로 채용하고 있으므로 수시로 해당 회사의 홈페이지를 확인하여야 한다.

☑ 교육 받기

<table>
<tr><td>2년제 대학</td><td colspan="2">인하공업전문대학
한국폴리텍대학
군장대학교
고구려대학교
대구공업대학교 등</td></tr>
<tr><td>4년제 대학</td><td colspan="2">한서대학교
극동대학교
초당대학교
경운대학교
중원대학교 등</td></tr>
<tr><td>학 원</td><td colspan="2">서울항공직업전문학교
한국항공직업전문학교
인하항공직업전문학교
아세아항공직업전문학교
청연직업전문학교 등</td></tr>
<tr><td>고등학교
(➡ 군 부사관)</td><td>공군항공과학고등학교
정석항공과학고등학교
경북항공고등학교
강호항공고등학교</td><td>군 복무
(정비)</td></tr>
</table>

☑ **취직 하기**

국내·국제 운송사업체(8개사)	항공사(일부) 요구사항
- 대한항공 - 아시아나항공 - 제주항공 - 진에어 - 에어부산 - 이스타항공 - 티웨이항공 - 에어인천	학　　력 : 2년제 대학 졸업자 이상 자　　격 : 항공정비사 자격증소지자 영　　어　항공기 정비 매뉴얼 독해 가능자

소형운송사업체(5 개사)

항공기 사용 사업체(50 여 개사)

항공기 보유 기관 및 업체(20 여 개)

항공기 생산, 부품 제조업체

2.1.4 운항관리사

운항관리사는 일반인에게는 잘 알려지지 않은 직종이다. 운항관리사가 되기 위하여는 운항관리사 자격증을 취득하여야 하며, 운항관리사도 조종사나 항공정비사와 같이 반드시 있어야만 항공기 운항이 가능하다.

운항관리사는 항공기가 안전하게 운항하고, 경제적으로 운항할 수 있도록 돕는다. 예를 들면 운항관리사가 비행계획을 수립할 때 어떤 항로와 고도를 선택하느냐에 따라서 항공기는 바람을 적절히 잘 이용하여 비행하게 됨으로써 연료를 절감할 수 있게 되는 것이다.

1) 하는 일

운항관리사는 비행기의 운항에 관한 모든 정보를 통제하고 판단한다. 항공기 운항에서 출발시간, 항로, 고도, 속도, 경유지, 날씨 등을 고려해 비행계획을 수립하고 변경상항이 발생하면 비행계획을 변경한다. 승객과 탑재할 화물의 종류 및 수량을 파악하여 중량배분, 연료탑재량 등을 산출하며 이를 확인한다.

그리고 항공기가 처음 계획대로 잘 운항하고 있는지 통제 및 감시 하는 업무를 수행한다. 비행 중 비상상황이 발생하거나 긴급 환자가 발생하면 가장 효율적인 해결 방법을 찾아서 조종사에게 연락하고 조종사로 하여금 상황에 대처하도록 돕는 일을 한다.

종합통제센터

종합통제센터 ©아시아나항공

2) 근무 여건

운항관리사는 주로 사무실에서 근무한다. 대한항공과 아시아나항공은 종합통제센터라는 상황실을 갖추고 전 세계로 나가 있는 자사 항공기를 통제 · 감시한다.

운항관리사도 24시간 스케쥴 근무를 하여야 한다. 근무장소는 대부분 인천, 김포, 김해, 제주국제공항 등 큰 공항에서 근무하며 작은 공항에는 소수인원들만 근무하고 있다. 또한 외국에도 일부 인원들이 근무하고 있다.

현재 우리나라에는 약 360여 명의 운항관리사가 있다. 항공사별로는 대한항공이 160여 명, 아시아나항공 110여 명, 제주항공 20여 명, 진에어 10여 명, 에어부산 10여 명, 이스타항공 10여 명, 티웨이항공 10여 명, 에어인천 4명이다. 그리고 일반업체 등에 30여 명이 있다.

운항관리사의 연봉은 대략 3천만 원에서 8천만 원 수준이다. 물론 항공사마다 차이가 있다.

운항관리사의 직급체계는 항공사의 일반직 직원과 같이 사원 ⇒ 대리 ⇒ 과장 ⇒ 차장 ⇒ 부장 ⇒ 임원 순이다.

운항관리사의 정년은 55세이나 정년 후에도 자기의 능력에 따라 계약직 형태로 계속 일할 수 있다고 보면 된다.

3) 되는 길

운항관리사가 되기 위하여는 자격증이 필요하다. 운항관리사 관련 교육을 이수하고 자격증을 취득한 후 입사 시험에 합격하면 운항관리사가 될 수 있다.

운항관리사가 되는 과정은 "① 교육받기 ⇒ ② 자격증 취득하기 ⇒ ③ 취직하기" 순이라고 할 수 있다.

① 교육받기

운항관리사는 좀 특수한 분야이며, 필요인원도 소수이므로 교육을 하는 곳이 많지 않다. 운항관리사 교육을 받으려면, 한국항공대학교의 항공교통물류우주법학부에서 항공교통전공을 이수하거나, 한서대학교의 항공학부에서 항공교통학과를 이수하여야 한다. 한국항공대학교 홈페이지(www.kau.ac.kr)와 한서대학교 홈페이지(www.hanseo.ac.kr)에서 자세한 교육내용을 확인하기 바란다.

② 자격증 취득하기

운항관리사 자격증을 취득하기 위하여는 교통안전공단에서 시행하는 자격증명시험에 합격하여야 한다. 한국항공대학교 또는 한서대학교에서 교육을 이수하고 운항관리사 자격시험에 응시하는 방법 외에 또 다른 방법이 있는데, 그것은 조종사 자격증 소지자, 항공교통관제사 자격증 소지자 및 항공운송사업체에서 운항관리 · 항공기상 업무 등을 일정 기간 수행한 경력이 있는 사람이 운항관리사 시험에 응시하는 방법이 있는데 일반인들 하고는 거리가 있는 방법이다.

운항관리사의 응시경력은 〈항공법시행규칙 별표9 : 응시경력〉을 참고하기 바라며, 운항관리사의 학과시험 및 실기시험의 자세한 내용은〈항공법시행규칙 별표10 : 자격증명시험 및 한정심사의 과목 및 범위 〉를 참고하기 바란다.

③ 취직하기

운항관리사로 취직할 수 있는 곳은 항공운송사업체인 대한항공, 아시아나항공, 제주항공, 진에어, 에어부산, 이스타항공, 티웨이항공, 에어인천 같은 항공사들이다. 항공사 외에 항공기를 보유한 업체에서도 운항관리사를 채용하고 있다.
채용은 각 회사 마다 필요 시 수시로 채용하고 있으므로 수시로 해당 회사의 홈페이지를 확인하여야 한다.

☑ 교육 받기

관련학과가 있는 대학	한국항공대학교 한서대학교

☑ 취직 하기

국내 · 국제 운송사업체 (8개사)	대한항공 아시아나항공 제주항공 진에어 에어부산 이스타항공 티웨이항공 에어인천

소형운송사업체(5개사)

항공기 사용 사업체(50여개사)

2.1.5 항공교통관제사

항공교통관제사는 대부분 국토교통부 소속 국가공무원이다. 일부 인천국제공항의 계류장 관제를 담당하는 항공교통관제사는 인천국제공항공사 소속이다.

미국이나 유럽의 항공교통관제사는 억대연봉을 받는 최고의 직업인으로 자부심도 대단하다고 한다. 하지만 우리나라 항공교통관제사는 국가공무원 보수를 적용받기 때문에 연봉이 그리 높지는 않지만 하늘의 교통경찰로서 항공안전을 지킨다는 자긍심은 대단하다.

항공교통관제사는 정확하고 세심해야 하며, 조그만 실수도 허락되지 않는다. 만약 실수를 하게 되면 항공기 사고가 발생할 수 있기 때문이다.

우리나라 전체공역을 관제하는 항공교통센터는 인천에 있는데 지진이나 화재 등 비상사태 발생 시 우리나라 하늘 전체의 항공기가 마비 될 수 있는 문제점이 있어서 제2의 항공교통센터를 대구에 건설할 예정이다. 2016년 제2 항공교통센터가 완공되면 인천의 항공교통센터는 서쪽공역을, 대구의 항공교통센터는 동쪽공역을 관제하다가 어느 한쪽에 문제가 발생하면 정상적인 곳에서 양쪽 다 관제할 수 있도록 구성하게 된다.

제2 항공교통센터와 함께 건설되는 항공안전종합통제센터는 위기상황 발생 시 신속하게 항공기 안전조치를 총괄하여 우리나라 항공안전을 확보하게 된다.

항공교통관제사는 특수한 분야의 업무라 그런지 요즘 젊은이들에게 인기가 대단하다. 특히 여성들의 관심이 높다. 전에는 남자가 대부분이었으나 시간이 갈수록 여성 항공교통관제사가 늘어나 지금은 반반 정도 되는 것 같다.

지금은 매년 부족한 인원만큼 만 항공교통관제사가 채용되고 있지만 제2 항공교통센터 운영을 위하여는 보다 많은 인원이 필요하게 될 예정이다.

1) 하는 일

항공교통관제사는 조종사와 무선통신을 하면서 항공기가 안전하게 운항하도록 돕는 일을 한다. 항공교통관제 업무는 계류장 관제, 관제탑 관제, 접근 관제, 항로 관제로 구분하는데 계류장 관제는 항공기가 계류장에서 이동할 때, 관제탑 관제는 항공기가 이륙 또는 착륙할 때, 접근 관제는 항공기를 일정 고도까지 안내할 때, 항로 관제는 항공기가 일정 고도 이상을 비행할 때 하는 관제이며 중국 또는 일본 항공관제센터로 항공기 관제권을 넘기거나, 넘겨받는 일을 한다. 관제하는 절차를 살펴보면 아래와 같이 구분할 수 있다.

☑ 출국

출국공항 계류장관제 ⇒ 관제탑관제 ⇒ 접근관제 ⇒ 항로관제 ⇒ 중국 또는 일본 항공관제센터로 넘김

☑ 입국

중국 또는 일본 항공관제센터에서 넘겨받음 ⇒ 항로관제 ⇒ 접근관제 ⇒ 관제탑관제 ⇒ 계류장관제

☑ 국내

출발공항 계류장관제 ⇒ 관제탑관제 ⇒ 접근관제 ⇒ 항로관제 ⇒ 접근 관제 ⇒ 관제탑관제 ⇒ 도착공항 계류장관제

관제탑(계류장)관제

접근 관제

항로 관제 ©한국공항공사

2) 근무 여건

항공교통관제사는 대부분 관제현장에서 24시간 항공기를 관제하여야 하므로 스케쥴 근무를 하여야 한다. 일부 인원은 사무실에서 관제와 관련된 행정업무를 한다.

근무 형태는 보통 2시간 근무하고 1시간 휴식을 취하는 형태이다. 관제탑(계류장)관제사는 눈으로 항공기를 보면서 관제하지만, 접근관제사와 항로관제사는 모니터를 통해서 항공기의 흐름을 파악하며 관제를 한다. 항공기 관제는 사소한 실수도 큰 사고로 이어지기 때문에 집중력과 긴장감을 가지고 근무하게 된다. 따라서 스트레스가 많은 직업이라고 할 수 있다.

근무 장소는 관제탑관제사는 전국의 민간공항 관제탑에서 근무한다. 군 공항은 군 관제사가 민간항공기를 관제해 준다. 접근관제사는 인천, 김해, 제주국제공항 내에 있는 접근관제소에서 근무하고, 항로관제사는 인천국제공항 내에 있는 항공교통센터에서 근무한다. 2016년 대구에 제2 항공교통센터가 준공되면 절반 정도의 인원은 대구에서 근무하게 될 예정이다.

현재 우리나라에는 약 350여 명의 항공교통관제사가 있다. 서울지방항공청소속이 120여 명, 부산지방항공청 소속이 100여 명, 항공교통센터 소속이 100여 명으로 국가공무원이 320여 명이고, 인천국제공항공사 소속이 30여 명 있다.

항공교통관제사의 연봉은 국가공무원 보수에 따르므로 대략 3천만 원에서 7천만 원 수준이다. 인천국제공항공사 소속 관제사는 공기업보수에 따르므로 4천만 원에서 1억 원 정도 된다.

항공교통관제사의 직급체계는 국가공무원 직급체계에 따르므로 8급 ⇒ 7급 ⇒ 6급 ⇒ 5급 ⇒ 4급 ⇒ 고위공무원 순이다. 일반직 공무원은 9급부터 시작하지만 항공교통관제사는 특수자격보유자이므로 8급으로 채용한다. 인천국제공항공사 소속 관제사는 인천국제공항공사 직급체계인 5급 ⇒ 4급 ⇒ 3급 ⇒ 2급 ⇒ 1급 ⇒ 임원 순이다.

항공교통관제사의 정년은 공무원 정년인 60세이다. 인천국제공항공사의 정년은 61세이다.

3) 필요 자격

항공교통관제사도 조종사와 마찬가지로 신체조건, 영어 구술능력 등 자격요건을 엄격하게 적용받는데, 항공교통관제사가 되기 위하여는 항공교통관제사자격증명, 항공신체검사증명 제3종, 항공영어 구술능력증명 4등급 이상 자격이 필요하다.

항공교통관제사자격증명을 취득하려면 교통안전공단에서 시행하는 자격증명시험에 합격하여야 한다. 학과시험은 항공법규, 항행안전시설, 항공기상, 항공교통 · 통신 · 정보업무, 관제 일반이며, 실기시험은 항공교통관제에 필요한 기술, 항공교통관제에 필요한 일반영어 및 표준관제영어다. 항공교통관제사의 자격취득과 관련하여 응시경력의 자세한 내용은 〈항공법시행규칙 별표 9 : 응시경력〉을 참고 하기 바라며, 학과시험 및 실기시험의 자세한 내용은 〈항공법시행규칙 별표10 : 자격증명시험 및 한정심사의 과목 및 범위〉를 참고 하기 바란다.

항공신체검사증명 제3종을 취득하려면 지정된 병원에서 신체검사를 받아야 한다. 항공법에서 정한 항공신체검사는 총 14가지 항목을 검사하게 되어 있다.

1. 일반 2. 호흡기 계통 3. 순환기 계통 4. 소화기 계통
5. 혈액 및 조혈장기 6. 정신계 7. 신경계
8. 운동기 계통 9. 신장 · 비뇨 · 생식기 계통
10. 눈 11. 이비인후과 · 구강 및 치과 12. 시 기능
13. 청력 14. 종합이다.

이중 특히 눈과 관련된 항목에 관심이 많은 데 중요한 내용을 요약하면, 눈 굴절상태에 영향을 주는 수술을 받지 않았을 것, 녹내장이 없을 것, 야간시력이 정상일 것, 색각이 정상일 것, 안경을 끼지 않고 또는 안경을 끼고 원거리 시력 0.7 이상, 근거리 시력 0.5 이상 일 것 등이다. 자세한 내용은 【부록 3 항공신체검사증명의 종류와 그 유효기간】과 【부록 4 항공신체검사기준】을 참고 하기 바란다.

항공영어 구술능력증명은 발음, 문법, 어휘력, 유창성, 이해력, 응대 능력 등을 테스트하는데 최고 6등급부터 4등급까지만 자격으로 인정받고 3등급 이하는 인정받지 못한다.

유효기간은 6등급은 영구, 5등급은 6년, 4등급은 3년이므로 유효기간 만료 전에 다시 시험을 봐야 한다.

항공영어 구술능력 증명과 관련된 업무는 국토교통부로부터 업무위탁을 받은 G-TELP(www.gtelp.co.kr)와 IAES(www.iaes.co.kr)에서 담당한다. 각각의 홈페이지에서 자세한 내용을 파악할 수 있다.

4) 되는 길

항공교통관제사가 되기 위하여는 자격증이 필요하다. 관련 교육을 이수하고 자격증을 취득한 후 채용시험에 합격하면 항공교통관제사가 될 수 있다.

항공교통관제사가 되는 과정은 "① 교육받기 ⇒ ② 자격증 취득하기 ⇒ ③ 취직하기" 순이라고 할 수 있다.

① 교육받기

항공교통관제사 교육을 받을 수 있는 곳은 대학교, 국토교통부 지정 전문교육기관 그리고 특성화 고등학교이다. 먼저 대학으로는 한국항공대학교의 항공교통물류우주법학부에서 항공교통전공을 이수하는 방법인데 한국항공대학교는 항공분야교육의 역사가 깊으므로 동일분야의 선배들이 현업에 많이 진출해 있다. 한서대학교 항공학부에서 항공교통학과를 이수하는 길도 있는데 한서대학교는 뒤늦게 항공분야에 진출하여 아직 항공교통관제사 선배는 그리 많지 않다.

다음으로 국토교통부 지정 전문교육기관인 한국공항공사 항공기술훈련원(충북 청원)에서도 항공교통관제사 교육을 받을 수 있다. 이곳에서는 국토교통부에서 교육요청이 있을 때 고졸 이상을 대상으로 18명 이내의 인원을 선발하여 18주간 교육을 시킨다. 교육생선발 방법은 1차 서류전형, 2차 일반상식시험을 보며, 영어시험은 TOEIC 700점 이상 점수표 제출로 대신한다. 3차 신체검사는 항공신체검사 제3종 합격 기준이면 된다. 이곳

수료생들은 거의 다 항공교통관제사 자격증을 취득한다.
또 다른 방법은 공군항공과학고등학교 항공관제과를 가서 졸업 후 군 부사관으로 항공관제 근무를 하고 난 뒤 민간 항공교통관제사 시험에 응시하는 방법이다. 과거에는 항공교통관제사 중 군 경력자가 많았으나 지금은 그리 많지 않다.
교육기관별 자세한 교육내용은 각각의 홈페이지에서 확인하기 바란다.

② 자격증 취득하기

항공교통관제사 자격증 취득은 사실 그렇게 어려운 문제는 아니다. 정규교육과정을 이수하면 거의 모든 사람들이 자격증을 취득할 수 있다. 항공교통관제사 자격취득에 대하여는 앞의 필요자격에서 이미 설명하였으므로 여기서는 생략하기로 하겠다.

③ 취직하기

항공교통관제사는 대부분 국가공무원이다. 항공교통관제사로 취직하려면 국토교통부에서 시행하는 항공직렬 국가공무원 시험에 합격하여야 한다. 시험에 합격하면 국토교통부에서는 현장의 소요인원을 고려하여 서울지방항공청, 부산지방항공청 및 항공교통센터로 발령을 낸다.
인천국제공항공사에서는 인천국제공항 계류장 관제를 위하여 항공교통관제사를 채용한다. 또한, 소수인원이긴 하지만 한국공항공사나 항공사에서도 항공기 운항업무와 관련하여 항공교통관제사 자격증을 소지한 사람을 채용하고 있다. 채용은 필요 시 수시로 하고 있으므로 수시로 해당 회사의 홈페이지를 확인하여야 한다.

☑ 교육 받기

<table>
<tr><td>항공교통학과가
있는 대학</td><td colspan="2">한국항공대학교
한서대학교</td></tr>
<tr><td>한국공항공사
항공기술훈련원</td><td colspan="2">- 모집인원 : 18명 이내
- 교육기간 : 18 주
- 과정개설 : 필요 시</td></tr>
<tr><td>고등학교
(⇒군 부사관)</td><td>공군항공과학고등학교</td><td>군복무
(관제)</td></tr>
</table>

☑ 취직 하기

국토교통부	서울지방항공청 부산지방항공청 항공교통센터(ACC)

인천국제공항공사	인천공항 계류장 관제

한국공항공사 항공사	항공기운항 관련업무

2.2 공무원

2.2.1 국토교통부

우리나라의 항공업무를 관장하는 곳은 국토교통부이다. 국토교통부 항공정책실에는 항공정책관, 항공안전정책관, 공항항행정책관이 있으며 13개의 과에서 실무적인 항공정책업무를 담당한다.

산하기관으로 서울지방항공청, 부산지방항공청, 항공교통센터가 있으며 이곳에서는 국토교통부의 항공정책을 현장에서 집행하며, 각 기관에 주어진 고유 업무를 수행한다.

1) 하는 일

☑ 국토교통부 항공정책실

우리나라의 항공정책을 수립하고 집행하며 산하기관을 관리 · 감독한다.

☑ 서울지방항공청

우리나라 중부 이북 지역의 공항(인천, 김포, 청주, 양양, 군산,

원주)의 관제, 운항관리, 항공기검사 및 항공보안업무 등을 담당하며, 공항시설의 설치 인·허가, 각종 안전증명 및 감독 업무를 수행한다.

☑ 부산지방항공청

우리나라 중부 이남 지역의 공항(김해, 제주, 대구, 무안, 울산, 광주, 여수, 포항, 사천)의 관제, 운항관리, 항공기검사 및 항공보안업무 등을 담당하며, 공항시설의 설치 인·허가, 각종 안전증명 및 감독 업무를 수행한다.

☑ 항공교통센터

우리나라 전체 비행정보구역 항로 관제업무를 담당한다.

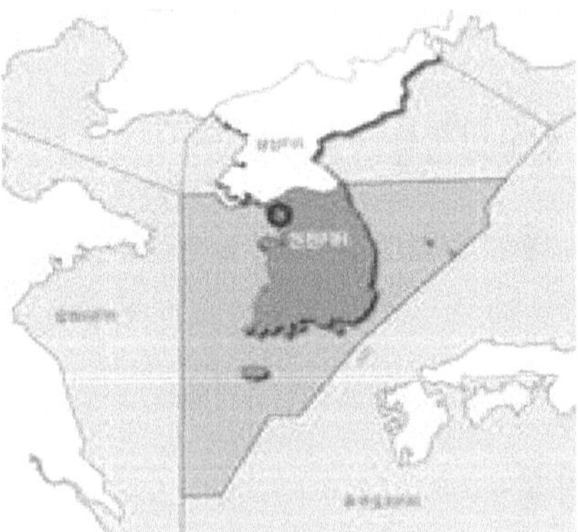

대한민국 비행정보구역 관리

공항시설 관리 검사 ©한국공항공사

2) 근무 여건

국토교통부 항공분야 소속 공무원들은 전국에서 근무한다. 국토교통부 항공정책실 직원은 세종시에 있는 정부세종청사에서 근무하고, 서울지방항공청 소속 직원은 인천, 김포, 청주, 양양, 군산, 원주공항에서 근무하며, 부산지방항공청 소속 직원은 김해, 제주, 대구, 무안, 울산, 광주, 여수, 포항, 사천공항에서 근무하고, 항공교통센터 소속 직원은 현재 인천국제공항에서 근무하지만 향후 제2 항공교통센터가 완공되면 대구에서도 근무하게 된다.

국토교통부 항공분야 소속 공무원들은 대부분 사무실에서 일근형태로 근무하지만, 관제업무나 운항업무 같은 현장업무를 담당하는 직원들은 24시간 스케쥴 근무를 하여야 한다.

국토교통부 항공분야 소속 공무원 수는 약 890명이다. 소속별로는 항공정책실 약 170명, 서울지방항공청 약 300명, 부산지방항공청 약 240명, 항공교통센터 약 180명이다.

월급은 국가공무원 보수에 따르며, 9급 1호봉이 120여만 원이고, 6급 15호봉은 290여만 원이며, 고위공무원 1급 23호봉은 590여만 원이다. 월급은 매년 다시 책정된다.

직급체계는 국가공무원 직급체계에 따라 9급 ⇒ 8급 ⇒ 7급 ⇒ 6급 ⇒ 5급 ⇒ 4급 ⇒ 고위공무원 순이며, 정년은 60세이다.

3) 되는 길

국토교통부 항공분야 공무원이 되려면 국가공무원 임용시험을 보아야 한다. 응시직급은 9급 ~ 5급이며, 학력제한은 없다. 연령은 9급 ~ 8급은 18세 이상이고, 7급 ~ 5급은 20세 이상이다.

국토교통부 항공분야 소속 공무원은 여러 직렬들이 있는데 근무 직렬 및 직류를 분류하면 아래와 같다.

행 정	일반행정
항 공	일반항공, 관제, 조종, 정비
공 업	일반기계, 항공우주, 전기, 전자
시 설	일반토목, 건축, 교통시설
방 송 통 신	통신사, 통신기술, 전송기술, 전자통신기술

국토교통부 항공분야 소속 공무원이 되기 위한 자세한 시험과목 내용은 〈공무원임용시험령 별표 1 : 각종 임용시험 과목표〉를 참고하기 바란다.

2.2.2 세관

기획재정부 소속 국가공무원으로 관세청장 산하에 6개의 본부세관(서울, 인천공항, 인천, 부산, 대구, 광주본부세관)이 있으며 전국에 총 40개의 세관이 있다. 전국의 8개 국제공항에 세관 직원이 근무한다.

1) 하는 일

우리나라로 들어오거나 나가는 모든 물품을 통관하는 곳이 세관이다. 마약, 밀수품, 국민건강 위해 물품을 단속하며, 일정액 이상의 외화유출 및 유입을 방지한다.

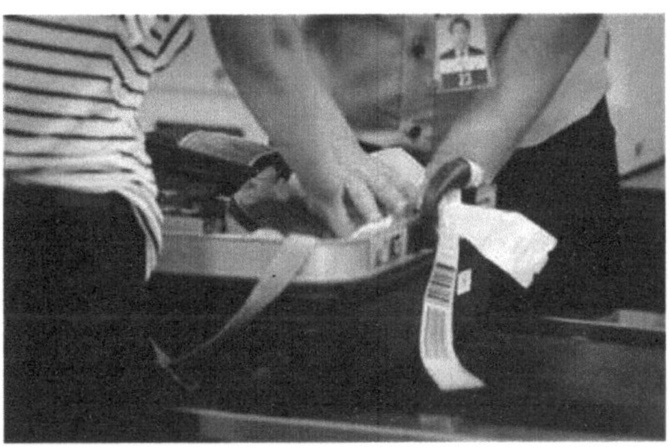

개봉 검사

X - RAY 검사 ©세관

2) 근무 여건

세관 직원은 전국의 국제공항, 항만 등에서 근무한다. 세관 직원이 근무하는 국제공항은 인천, 김포, 김해, 제주, 대구, 청주, 무안, 양양국제공항이며, 8개 국제공항에 약 760명이 근무한다.

세관 직원들은 일부 사무실에서도 근무하지만, 대부분 공항 입국장에서 검사업무를 담당하므로 항공기 운항시간에 맞춰 스케쥴 근무를 하여야 한다.

월급은 국가공무원 보수에 따르며, 9급 1호봉이 120여만 원이고, 6급 15호봉은 290여만 원이며, 고위공무원 1급 23호봉은 590여만 원이다. 월급은 매년 다시 책정된다.

직급체계는 국가공무원 직급체계에 따라 9급 ⇒ 8급 ⇒ 7급 ⇒ 6급 ⇒ 5급 ⇒ 4급 ⇒ 고위공무원 순이며, 정년은 60세이다.

3) 되는 길

세관 공무원이 되려면 국가공무원 임용시험을 보아야 한다. 응시직급은 9급 ~ 5급이며, 학력제한은 없다. 연령은 9급 ~ 8급은 18세 이상이고, 7급 ~ 5급은 20세 이상이다. 세관 공무원의 근무 직렬은 일반행정직, 세무직 및 관세직이 있다.

세관 공무원이 되기 위한 자세한 시험과목 내용은 〈공무원임용 시험령 별표 1 : 각종 임용시험 과목표〉를 참고하기 바란다.

2.2.3 출입국관리사무소

출입국·외국인정책본부
KOREA IMMIGRATION SERVICE

법무부 소속 국가공무원이다. 출입국 · 외국인정책본부장 산하로 전국에 19개의 출입국관리사무소가 있다. 전국 8개의 국제공항에 출입국관리사무소 직원이 근무한다.

1) 하는 일

내국인 및 외국인이 출 · 입국할 때 심사한다. 불법으로 출국하려는 사람의 출국을 차단하고, 불법으로 입국하려는 사람을 찾아내 외국으로 되돌려 보낸다.

출국 심사대

입국 심사대 ©한국공항공사

2) 근무 여건

출입국관리사무소 직원은 전국의 국제공항, 항만 등에서 근무한다. 출입국 · 외국인정책본부 소속 공무원 수는 약 1,800명이며, 출입국관리사무소 직원이 근무하는 국제공항은 인천, 김포, 김해, 제주, 대구, 청주, 무안, 양양국제공항이다.

출입국관리사무소 직원들은 일부 사무실에서도 근무하지만, 대부분 공항 출국장 및 입국장에서 여권검사업무를 담당하므로 항공기 운항시간에 맞춰 스케쥴 근무를 하여야 한다.

월급은 국가공무원 보수에 따르며, 9급 1호봉이 120여만 원이고, 6급 15호봉은 290여만 원이며, 고위공무원 1급 23호봉은 590여만 원이다. 월급은 매년 다시 책정된다.

직급체계는 국가공무원 직급체계에 따라 9급 ⇒ 8급 ⇒ 7급 ⇒ 6급 ⇒ 5급 ⇒ 4급 ⇒ 고위공무원 순이며, 정년은 60세이다.

3) 되는 길

출입국관리사무소 공무원이 되려면 국가공무원 임용시험을 보아야 한다. 응시직급은 9급 ~ 5급이며, 학력제한은 없다. 연령은 9급 ~ 8급은 18세 이상이고, 7급 ~ 5급은 20세 이상이다. 출입국관리사무소 공무원의 근무 직렬은 일반행정직과 출입국관리직이 있다.

출입국관리사무소 공무원이 되기 위한 자세한 시험과목 내용은 〈공무원임용시험령 별표 1 : 각종 임용시험 과목표〉를 참고하기 바란다.

2.2.4 검역(국립검역소, 농림축산검역본부)

국제공항에서 검역업무는 사람 검역과 동 · 식물 검역으로 나누어져 있는데, 사람에 대한 검역을 담당하는 공무원은 보건복지부 소속으로 전국에 13개의 국립검역소가 있으며, 동 · 식물에 대한 검역을 담당하는 공무원은 농림축산식품부 소속이며 농림축산검역본부장 산하로 전국에 6개의 지역본부(인천공항, 영남, 중부, 서울, 호남, 제주지역본부)가 있다.

전국 8개의 국제공항에 검역업무를 담당하는 공무원들이 근무한다.

1) 하는 일

☑ 국립검역소

외국에서 국내로 들어오는 사람으로부터 질병이 국내에 유입되지 않도록 방지한다. 인플루엔자, 조류인플루엔자, 콜레라 같은 전염병의 국내유입을 차단한다.

승객 체온 감시 ©국립검역소

☑ 농림축산검역본부

외국에서 국내로 들어오는 동물 및 식물로부터 질병이 국내에 유입 되지 않도록 방지한다.

과일 검사 ©농림축산검역본부

2) 근무 여건

국립검역소 및 농림축산검역본부 직원들은 전국의 국제공항, 항만 등에서 근무한다. 국제공항은 인천, 김포, 김해, 제주, 대구, 청주, 무안, 양양국제공항에서 근무하며, 전국 8개 국제공항에 근무하는 국립검역소 소속 공무원 수는 약 150명이고, 농림축산검역본부 소속 공무원 수는 약 200명 정도이다.

검역업무를 담당하는 직원들은 일부 사무실에서도 근무하지만, 대부분 공항 입국장에서 검사업무를 담당하므로 항공기 운항시간에 맞춰 스케쥴 근무를 하여야 한다.

월급은 국가공무원 보수에 따르며, 9급 1호봉이 120여만 원이고, 6급 15호봉은 290여만 원이며, 고위공무원 1급 23호봉은 590여만 원이다. 월급은 매년 다시 책정된다.

직급체계는 국가공무원 직급체계에 따라 9급 ⇒ 8급 ⇒ 7급 ⇒ 6급 ⇒ 5급 ⇒ 4급 ⇒ 고위공무원 순이며, 정년은 60세이다.

3) 되는 길

국립검역소 및 농림축산검역본부 공무원이 되려면 국가공무원 임용시험을 보아야 한다. 응시직급은 9급 ~ 5급이며, 학력제한은 없다. 연령은 9급 ~ 8급은 18세 이상이고, 7급 ~ 5급은 20세 이상이다.

국립검역소 및 농림축산검역본부 소속 공무원은 여러 직렬들이 있는데 근무 직렬 및 직류를 분류하면 아래와 같다.

행 정	일반행정
농 업	식물검역, 축산, 생명유전
수 의	수 의
해 양 수 산	수산물검사

국립검역소 및 농림축산검역본부 공무원이 되기 위한 자세한 시험과목 내용은 〈공무원임용시험령 별표 1 : 각종 임용시험 과목표〉를 참고하기 바란다.

2.2.5 항공기상청

환경부 소속 공무원이며 기상청장 산하의 책임운영기관으로 인천국제공항에 항공기상청이 있고 4개의 공항기상대(김포, 제주, 무안, 울산공항)와 8개의 공항기상실(김해, 청주, 대구, 여수, 양양, 광주, 포항, 사천공항)이 있다.

1) 하는 일

항공기상청에서는 항공기상정보를 생산, 제공하는 일을 한다. 인공위성, 기상레이더, 공항에 설치된 각종 기상관측장비 등을 이용하여 기상정보를 수집하고 슈퍼컴퓨터로 가공하여 항공 관련 기관, 항공사 등에 기상정보를 제공한다.

기상자료 파악

상황실 © 항공기상청

2) 근무 여건

항공기상청 직원들은 전국 15개 공항 중 군산공항과 원주공항을 제외한 13개 공항에서 근무한다. 항공기상청 본청은 인천국제공항 내에 있으며, 민간공항으로 규모가 큰 공항에는 항공기상대가 있고, 민간공항으로 규모가 작거나 군공항에는 항공기상실이 있다.

항공기상청 소속 공무원 수는 약 110명 정도이며, 근무는 사무실에서 일근하는 직원도 있지만, 대부분 항공기 운항시간에 맞춰 스케쥴 근무를 한다.

월급은 국가공무원 보수에 따르며, 9급 1호봉이 120여만 원이고, 6급 15호봉은 290여만 원이며, 고위공무원 1급 23호봉은 590여만 원이다. 월급은 매년 다시 책정된다.

직급체계는 국가공무원 직급체계에 따라 9급 ⇒ 8급 ⇒ 7급 ⇒ 6급 ⇒ 5급 ⇒ 4급 ⇒ 고위공무원 순이며, 정년은 60세이다.

3) 되는 길

항공기상청 공무원이 되려면 국가공무원 임용시험을 보아야 한다. 응시직급은 9급 ~ 5급이며, 학력제한은 없다. 연령은 9급 ~ 8급은 18세 이상이고, 7급 ~ 5급은 20세 이상이다.

항공기상청 소속 공무원의 직렬은 일반행정직과 기상직(기상, 지진)이 있다

항공기상청 공무원이 되기 위한 자세한 시험과목 내용은 〈공무원임용시험령 별표 1 : 각종 임용시험 과목표〉를 참고하기 바란다.

2.2.6 기타 기관

공항에서 근무하는 공무원 중 앞에서 언급한 분야 외에도 아래와 같은 분야의 공무원들이 근무하고 있다. 그 외에도 국가정보원, 국립수산물품질관리원, 식품의약품안전처, 우체국 등도 소수인원이 근무한다.

☑ 문화재청

국내 문화재가 해외로 밀반출되지 않도록 한다. 해외로 가지고 나가려고 하는 물품이 문화재 진품인지 모조품인지 문화재 감정관이 감정하여 반출 여부를 결정한다. 국제공항에만 근무한다.

☑ 경찰청

공항의 보안업무를 관장한다. 공항 보안검색업무 나 공항 경비업무 등 공항공사에서 수행하고 있는 보안업무를 감독한다. 전국 모든 공항에 근무한다.

☑ 병무청

해외로 출국하려고 하는 사람의 병역업무를 담당한다. 규모가 큰 국제공항에만 근무한다.

☑ 검찰청

공항에서 검찰 업무와 관련된 업무를 담당한다. 규모가 큰 국제 공항에만 근무한다.

☑ 국군기무사령부

공항을 이용하는 군인들의 보안 문제 등을 담당한다. 전국 모든 공항에 근무한다.

☑ 지방자치단체

해당 공항의 관광안내 및 홍보, 민원서류 발급 등의 업무를 담당한다. 전국 모든 공항에 근무하지만 민원서류 발급은 일부 큰 공항에서만 서비스가 제공되고 있다.

2.3 공기업

2.3.1 한국공항공사

KAC 한국공항공사 KOREA AIRPORTS CORPORATION

한국공항공사는 국토교통부 산하 공기업으로 우리나라 15개 공항 중 인천국제공항을 제외한 14개 공항을 관리 · 운영한다. 한국공항공사가 관리하는 김포국제공항은 세계공항서비스평가 중형공항 부문에서 4년 연속 세계 1위를 차지하였다. 공항에서 근무하는 사람들은 누구나 일하고 싶어 하는 직장이기도 하며, 공기업 본사 지방이전 대상이 아니어서 공기업 취업을 희망하는 사람들에게 더욱 인기가 높은 것 같다.

1) 하는 일

공항에 필요한 항공기 · 여객 · 화물처리시설 등을 신설 · 증설 · 개량하며, 국가 및 지방자치단체에서 위탁하는 사업을 시행한다. 공항의 활주로, 여객청사, 화물청사, 주차장 등 모든 시설을 관리하며, 공항의 경비, 보안업무를 담당한다. 공항의 시설주로서 협력업체를 선정하여 공항운영 및 시설관리를 맡기고 감독하며, 공항이용객들의 편의를 위하여 상업시설을 유치하고 감독한다. 수입은 항공기 착륙료, 청사 등 시설 임대료, 주차료 등이다.

제주공항 확장

김포공항 국내선청사 개량 © 한국공항공사

2) 근무 여건

한국공항공사 직원들은 전국에서 근무한다. 본사는 김포국제공항 내에 있고, 전국 14개 공항에 지사가 있으며, 울진비행장에도 근무한다. 인천공항에 항로시설본부가 있고, 충북 청원에 항공기술훈련원이 있으며, 전국 10개소에 항공무선표지소가 있다.

한국공항공사 직원 수는 1,700여 명으로 임원 6명, 일반직 1,200여 명, 보안검색감독직 50여 명, 청원경찰 400여 명이다. 근무는 대부분 사무실에서 일근을 하지만 일부 현장직원들은 24시간 스케쥴 근무를 한다.

연봉은 3천만 원에서 1억 원 수준이며, 직원 평균 연봉은 약 7,400만 원이다. 직급체계는 6급 ⇒ 5급 ⇒ 4급 ⇒ 3급 ⇒ 2급 ⇒ 1급 ⇒ 임원 순이며, 정년은 58세이나 정부의 방침에 따라 2016년도부터 60세로 연장될 예정이다.

3) 되는 길

한국공항공사에 입사하려면 공개경쟁시험에 합격하여야 한다. 입사시험 전형방법은 서류전형 ⇒ 필기시험 ⇒ 직무능력 및 직업성격검사 ⇒ 면접시험(1차:실무진 면접, 2차:경영진 면접) ⇒ 신체검사 및 신원조회 ⇒ 최종합격 순이다.

입사시험은 아래와 같이 5급 사원과 6급 사원으로 구분하여 시행한다. 6급 사원 시험제도는 정부의 방침에 따라 새로 시행된 제도로 합격자는 대박이라고 할 수 있다.

채용공고는 홈페이지를 통하여 필요 시 이루어지므로 항상 한국공항공사 홈페이지(www.airport.co.kr)를 확인하여야 한다.

☑ 5급 입사(대졸 수준 출제)

구분		내용
채용분야	행정직	법률, 경영, 회계, 항공교통
	기술직	전산, 토목, 건축, 조경, 기계, 전기, 통신전자
학력		제한 없음
연령		제한 없음
외국어		지정 어학시험 중 한 종목을 지정점수 이상 득한 자
기술직		기사 자격증 소지자
필기전형		일반상식(100점), 전공 1과목(200점)

☑ 6급 입사(고졸 수준 출제)

구분		내용
채용분야	행정직	경영, 회계,
	기술직	전산, 토목, 건축, 조경, 기계, 전기, 통신전자
학력		고졸자 만 해당
내신성적		고교 전 학년 평균 내신성적 4.00등급 이내인 자 중 학교장추천을 받은 자
연령		제한 없음
병역		제한 없음
기술직		해당분야 관련학과 전공자 또는 관련 자격 소지자
시험과목		일반상식(100점), 전공 1과목(200점)

2.3.2 인천국제공항공사

Incheon Airport

인천국제공항공사는 국토교통부 산하 공기업으로 인천국제공항을 관리 · 운영한다. 인천국제공항은 세계공항서비스평가 중 · 대형 부문에서 9년 연속 세계 1위를 차지하였다. 공항에서 근무하는 사람들은 누구나 일하고 싶어하는 직장이기도 하며, 공기업 본사 지방이전 대상이 아니어서 공기업 취업을 희망하는 사람들에게 더욱 인기가 높다. 또한, 대학생들이 입사를 희망하는 최고의 공기업이기도 하다.

1) 하는 일

공항에 필요한 항공기 · 여객 · 화물처리시설 등을 신설 · 증설 · 개량 하며, 국가 및 지방자치단체에서 위탁하는 사업을 시행한다. 공항의 활주로, 여객청사, 화물청사, 주차장 등 모든 시설을 관리하며, 공항의 경비, 보안업무를 담당한다. 공항의 시설주로서 협력업체를 선정하여 공항운영 및 시설관리를 맡기고 감독하며, 공항 이용객들의 편의를 위하여 상업시설을 유치하고 감독한다. 수입은 항공기 착륙료, 청사 등 시설 임대료, 주차료 등이다.

인천국제공항 단계별 확장

제2여객 터미널 건설 © 인천국제공항공사

2) 근무 여건

인천국제공항공사 직원들은 인천국제공항만 관리 · 운영하므로 인천국제공항에서만 근무한다.

인천국제공항공사 직원 수는 약 1,100명으로 임원 6명, 일반직 1,000여 명, 안전보안전문직 60여 명 등이다. 근무는 대부분 사무실에서 일근을 하지만 일부 현장직원들은 24시간 스케쥴 근무를 한다.

연봉은 3천만 원에서 1억 원 수준이며, 직원 평균 연봉은 약 7,600만 원이다. 직급체계는 7급 ⇒ 6급 ⇒ 5급 ⇒ 4급 ⇒ 3급 ⇒ 2급 ⇒ 1급 ⇒ 임원 순이며, 정년은 61세이다.

3) 되는 길

인천국제공항공사에 입사하려면 공개경쟁시험에 합격하여야 한다. 입사시험 전형방법은 서류전형 ⇒ 필기시험 ⇒ 면접시험(1차 : 실무진 면접, 2차 : 경영진 면접) ⇒ 신체검사 및 신원조회 ⇒ 최종합격 순이다. 입사시험은 아래와 같이 5급 사원과 7급 사원으로 구분하여 시행한다.

채용공고는 홈페이지를 통하여 필요 시 이루어지므로 항상 인천국제공항공사 홈페이지(www.airport.kr)를 확인하여야 한다.

☑ 5급 입사(대졸 수준 출제)

구분		내용
채용분야	사무직	경영, 경제, 법, 행정, 어문
	기술직	토목, 건축, 기계, 통신전자, 전력, 화공, 전산, 환경
학 력		제한 없음
연 령		제한 없음
외 국 어		영어, 중국어, 일어 중 1개 이상의 공인어학성적 보유자
필 기 전 형		직무능력시험(100점), 전공시험(100점), 인성검사(적/부 판정)

☑ 7급 입사(고졸 수준 출제)

구분	내용
채 용 분 야	안전전문직, 보안전문직
학 력	고졸자 만 해당
연 령	제한 없음
필 기 전 형	직무능력시험(100점), 인성검사(적/부 판정)

2.4 민간기업

2.4.1 ㈜대한항공

KOREAN AIR

대한항공은 우리나라를 대표하는 가장 오래된 항공사로 한진그룹 계열사이다. 국내 취업포털 인크루트가 전국 대학생 1,100여 명을 대상으로 2014년 실시한 설문조사에서 지난 10년 동안 1위를 차지하던 삼성전자를 제치고 직장선호도 1위를 차지하기도 했다.

대한항공은 화물수송 세계 3위, 여객수송 세계 13위를 차지하고 있다. 항공기 보유 대수 150대, 취항국가 수 45개국, 취항도시 수 110여 개, 항공노선 수 140여 개, 주당 운항횟수 960여 회이다. 국내선 여객의 약 30%, 국제선 여객의 약 33%를 수송하고 있다.

글로벌 항공얼라이언스인 스카이팀 회원사이며 회원사 (20개 항공사)의 항공편을 이용하면 우선 탑승, 선호좌석 배정, 추가 수하물, 라운지 이용 등의 혜택이 있다.

1) 하는 일

항공기를 이용하여 여객 및 화물을 운송한다. 여객이 안전하고 편안하게 여행할 수 있도록 서비스를 제공한다. 그 외에도 항공기 정비, 항공우주, 기내식, 기내면세품 판매, 호텔, 리무진사업 등 항공 관련 다양한 사업을 하고 있다.

탑승 수속

대한항공 항공기 © 대한항공

2) 근무 여건

대한항공 직원들은 국내 취항공항 및 해외지점에서 근무한다. 근무는 일부 사무실에서 일근하는 직원들도 있지만 대부분 항공기 운항시간에 맞춰 스케쥴 근무를 한다. 항공권 발권 등 현장의 실무적인 일들은 협력사를 통하여 하고 있다.

대한항공 직원 수는 약 18,000명으로 임원 110여 명, 일반직 6,900여 명, 조종사 2,700여 명, 객실승무원 6,000여 명, 항공정비사 2,300여 명이다. 연봉은 3천만 원에서 9천만 원 수준이고,

직급체계는 사원 ⇒ 대리 ⇒ 과장 ⇒ 차장 ⇒ 부장 ⇒ 임원 순이며, 정년은 55세이다.

3) 되는 길

대한항공에 입사하려면 공개경쟁시험에 합격하여야 한다. 입사시험 전형방법은 서류전형 ⇒ 1차면접(PT면접) ⇒ 2차면접(영어구술) ⇒ KALSAT(인성,직무능력검사) ⇒ 최종면접(임원면접) ⇒ 건강검진 ⇒ 최종합격 순이다. 채용 내역을 정리하면 아래와 같다.

<table>
<tr><td rowspan="7">채용분야</td><td rowspan="2">일반직</td><td>일반관리</td><td>상경계열, 법정계열, 어문계열, 통계/수학, 산업공학, 신문방송 등</td></tr>
<tr><td>운항관리</td><td>항공교통, 천문기상 등</td></tr>
<tr><td rowspan="2">기술직</td><td>항공기술</td><td>항공/기계공학, 전자/전기공학, 산업공학 등</td></tr>
<tr><td>항공우주</td><td>항공/기계공학, 컴퓨터/정보통신, 금속/재료공학 등</td></tr>
<tr><td colspan="2">전산직</td><td>컴퓨터공학, 전산학 등</td></tr>
<tr><td colspan="2">시설직</td><td>전기공학, 기계공학, 건축공학 등</td></tr>
<tr><td colspan="3">※조종사, 스튜어디스, 항공정비사, 운항관리사는 별도 채용</td></tr>
<tr><td colspan="3">학 력</td><td>학사 이상</td></tr>
<tr><td colspan="3">연 령</td><td>제한 없음</td></tr>
<tr><td colspan="3">외국어</td><td>공인시험 일정점수 이상</td></tr>
</table>

채용공고는 홈페이지를 통하여 필요시 이루어지므로 수시로 대한항공 홈페이지(http://kr.koreanair.com)를 확인하여야 한다.

2.4.2 아시아나항공(주)

ASIANA AIRLINES

아시아나항공은 우리나라 2위의 항공사로 금호아시아나그룹 계열사이다. 국내 취업포털 인크루트가 전국 대학생 1,100여 명을 대상으로 2014년 실시한 설문조사에서 직장선호도 10위를 차지하기도 했다.

아시아나항공은 화물수송 세계 14위, 여객수송 세계 30위를 차지하고 있다. 항공기 보유 대수 83대, 취항국가 수 27개국, 취항도시 수 80여 개, 항공노선 수 100여 개, 주당 운항횟수 700여 회이다. 국내선 여객의 약 21%, 국제선 여객의 약 23%를 수송하고 있다.

세계 항공동맹체인 스타얼라이언스 회원사이며 회원사 (30개 항공사)의 항공편을 이용하면 환승, 마일리지 적립, 좌석 승급, 라운지 이용 등의 혜택이 있다.

1) 하는 일

항공기를 이용하여 여객 및 화물을 운송한다. 여객이 안전하고 편안하게 여행할 수 있도록 서비스를 제공한다. 그 외에도 관광, 기내식 제조판매, 호텔사업 등 항공 관련 다양한 사업을 하고 있다.

탑승 수속

아시아나항공 항공기 © 아시아나항공

2) 근무 여건

아시아나항공 직원들은 국내 취항공항 및 해외지점에서 근무한다. 근무는 일부 사무실에서 일근하는 직원들도 있지만 대부분 항공기 운항시간에 맞춰 스케쥴 근무를 한다. 항공권 발권 등 현장의 실무적인 일들은 협력사를 통하여 하고 있다.

아시아나항공 직원 수는 9,900여 명으로 임원 40여 명, 일반직 3,450여 명, 조종사 1,380여 명, 객실승무원 3,820여 명, 항공정비사 1,230여 명이다.

연봉은 3천만 원에서 8천만 원 수준이고, 직급체계는 사원 ⇒ 대리 ⇒ 과장 ⇒ 차장 ⇒ 부장 ⇒ 임원 순이며, 정년은 55세이다.

3) 되는 길

아시아나항공에 입사하려면 공개경쟁시험에 합격하여야 한다. 입사시험 전형방법은 서류전형 ⇒ 인적성검사 및 한자시험 ⇒ 1차면접(역량면접, 집단토의) ⇒ 2차면접(인성면접) ⇒ 건강검진 ⇒ 최종합격 순이다. 채용 내역을 정리하면 아래와 같다.

<table>
<tr><td rowspan="4">채용분야</td><td>일반직
공항서비스
영업서비스</td><td>상경, 어문, 인문, 사회, 법정계열</td></tr>
<tr><td>항공기술</td><td>항공, 기계, 전기, 전자계열</td></tr>
<tr><td>운항관리</td><td>항공교통, 항공운항, 항공우주, 기상, 천문, 대기계열</td></tr>
<tr><td colspan="2">※조종사, 스튜어디스, 항공정비사, 운항관리사는 별도 채용</td></tr>
<tr><td colspan="2">학력</td><td>학사 이상</td></tr>
<tr><td colspan="2">연령</td><td>제한 없음</td></tr>
<tr><td colspan="2">외국어</td><td>공인시험 일정점수 이상</td></tr>
</table>

채용공고는 홈페이지를 통하여 필요 시 이루어지므로 수시로 아시아나항공 홈페이지(www.flyasiana.com)를 확인하여야 한다.

2.4.3 ㈜제주항공

JEJU AIR

제주항공은 애경그룹과 제주특별자치도가 공동 설립한 우리나라 최초 저비용항공사(LCC: Low Cost Carrier)이다. 국내선 노선을 시작으로 출발하여 국제선 노선으로 진출하였으며, 수송능력을 계속 키워가고 있다. 국내선 여객의 약 13%, 국제선 여객의 약 3%를 수송하고 있다.

항공기 보유 대수 15대, 취항국가 수 6개국, 취항도시 수 10여 개, 항공노선 수 10여 개, 주당 운항횟수 110여 회이다.

1) 하는 일

항공기를 이용하여 여객 및 수하물을 운송한다. 여객이 안전하고 편안하게 여행할 수 있도록 서비스를 제공한다.

탑승 수속

제주항공 항공기 © 제주항공

2) 근무 여건

제주항공 직원들은 국내 취항공항 및 해외지점에서 근무한다. 근무는 일부 사무실에서 일근하는 직원들도 있지만 대부분 항공기 운항시간에 맞춰 스케쥴 근무를 한다. 항공권 발권 등 현장의 실무적인 일들은 협력사를 통하여 하고 있다.

제주항공 직원 수는 940여 명으로 임원 9명, 일반직 250여 명, 조종사 200여 명, 객실승무원 320여 명, 항공정비사 150여 명이다. 연봉은 3천만 원에서 7천만 원 수준이고, 직급체계는 사원 ⇒ 대리 ⇒ 과장 ⇒ 차장 ⇒ 부장 ⇒ 임원 순이며, 정년은 55세이다.

3) 되는 길

제주항공에 입사하려면 공개경쟁시험에 합격하여야 한다. 입사시험 전형방법은 서류심사 ⇒ 실무면접 ⇒ 임원면접 ⇒ 신체검사 ⇒ 최종합격 순이다. 채용 내역을 정리하면 아래와 같다.

채용분야	경영분야, 전략기획분야, 영업분야, 안전보안분야 등
※ 조종사, 스튜어디스, 항공정비사, 운항관리사는 별도 채용	
학 력	학사 이상
연 령	제한 없음
외 국 어	공인시험 일정점수 이상

채용공고는 홈페이지를 통하여 필요시 이루어지므로 수시로 제주항공 홈페이지(www.jejuair.net)를 확인하여야 한다.

2.4.4 ㈜진에어

진에어는 한진그룹 계열사로 대한항공이 전액 출자하여 설립된 저비용항공사(LCC: Low Cost Carrier)이다. 운항, 정비, 훈련 등은 대한항공에 위탁 운영한다. 국내선 노선을 시작으로 출발하여 국제선 노선으로 진출하였으며, 수송능력을 계속 키워가는 중이다. 국내선 여객의 약 8%, 국제선 여객의 약 2%를 수송하고 있다.

항공기 보유 대수 11대, 취항국가 수 8개국, 취항도시 수 10여 개, 항공노선 수 10여 개, 주당 운항횟수 60여 회이다.

1) 하는 일

항공기를 이용하여 여객 및 수하물을 운송한다. 여객이 안전하고 편안하게 여행할 수 있도록 서비스를 제공한다.

탑승 수속

진에어 항공기 © 진에어

2) 근무 여건

진에어 직원들은 국내 취항공항 및 해외지점에서 근무한다. 근무는 일부 사무실에서 일근하는 직원들도 있지만 대부분 항공기 운항시간에 맞춰 스케쥴 근무를 한다. 항공권 발권 등 현장의 실무적인 일들은 협력사를 통하여 하고 있다.

진에어 직원 수는 550여 명으로 임원 3명, 일반직 140여 명, 조종사 160여 명, 객실승무원 220여 명, 항공정비사 20여 명이다. 연봉은 3천만 원에서 7천만 원 수준이고, 직급체계는 사원 ⇒ 대리 ⇒ 과장 ⇒ 차장 ⇒ 부장 ⇒ 임원 순이며, 정년은 55세이다.

3) 되는 길

진에어에 입사하려면 공개경쟁시험에 합격하여야 한다. 입사시험 전형방법은 서류심사 ⇒ 1차면접 ⇒ 인성검사 ⇒ 2차면접 ⇒ 신체검사 ⇒ 최종합격 순이다. 채용 내역을 정리하면 아래와 같다.

채용분야	운항일반관리, 객실일반관리, 판매, 운항통제, 운송관리 분야 등
※ 조종사, 스튜어디스, 항공정비사, 운항관리사는 별도 채용	
학 력	학사 이상
연 령	제한 없음
외 국 어	공인시험 일정점수 이상

채용공고는 홈페이지를 통하여 필요시 이루어지므로 수시로 진에어 홈페이지(www.jinair.com)를 확인하여야 한다.

2.4.5 에어부산(주)

AIR BUSAN

에어부산은 금호아시아나그룹 계열사로 부산광역시 등 남부지역 기업들이 주요 주주이며, 아시아나항공도 출자하여 설립된 저비용항공사(LCC: Low Cost Carrier)이다. 항공운수, 로고상품, 관광, 교육, 전자상거래 등의 사업을 한다.

운항, 정비, 훈련 등은 아시아나항공에 위탁 운영한다. 국내선 노선을 시작으로 출발하여 국제선 노선으로 진출하였으며, 수송능력을 계속 키워가는 중이다. 국내선 여객의 약 11%, 국제선 여객의 약 2%를 수송하고 있다.

항공기 보유 대수 12대, 취항국가 수 7개국, 취항도시 수 10여 개, 항공노선 수 10여 개, 주당 운항횟수 70여 회이다.

1) 하는 일

항공기를 이용하여 여객 및 수하물을 운송한다. 여객이 안전하고 편안하게 여행할 수 있도록 서비스를 제공한다.

탑승 수속

에어부산 항공기 © 에어부산

2) 근무 여건

에어부산 직원들은 국내 취항공항 및 해외지점에서 근무한다. 근무는 일부 사무실에서 일근하는 직원들도 있지만 대부분 항공기 운항시간에 맞춰 스케쥴 근무를 한다. 항공권 발권 등 현장의 실무적인 일들은 협력사를 통하여 하고 있다.

에어부산 직원 수는 610여 명으로 임원 3명, 일반직 180여 명, 조종사 150여 명, 객실승무원 240여 명, 항공정비사 20여 명이다. 연봉은 3천만 원에서 7천만 원 수준이고, 직급체계는 사원 ⇒ 대리 ⇒ 과장 ⇒ 차장 ⇒ 부장 ⇒ 임원 순이며, 정년은 55세이다.

3) 되는 길

에어부산에 입사하려면 공개경쟁시험에 합격하여야 한다. 입사시험 전형방법은 서류전형 ⇒ 인적성검사 및 한자시험 ⇒ 1차면접(역량면접, 집단토의) ⇒ 2차면접(인성면접) ⇒ 건강검진 ⇒ 최종합격 순이다. 채용 내역을 정리하면 아래와 같다.

채용분야	일반직, 영업운송직, 공항서비스직, 운항관리직, 정비관리직
※ 조종사, 스튜어디스, 항공정비사, 운항관리사는 별도 채용	
학　　력	학사 이상
연　　령	제한 없음
외 국 어	공인시험 일정점수 이상

채용공고는 홈페이지를 통하여 필요시 이루어지므로 수시로 에어 부산 홈페이지(www.airbusan.com)를 확인하여야 한다.

2.4.6 이스타항공(주)

EASTAR JET

이스타항공은 전라북도 군산지역을 기반으로 설립된 저비용항공사(LCC: Low Cost Carrier)이다. 국내선 노선을 시작으로 출발하여 국제선 노선으로 진출하였으며, 수송능력을 계속 키워가는 중이다. 국내선 여객의 약 8%, 국제선 여객의 약 2%를 수송하고 있다.

항공기 보유 대수 8대, 취항국가 수 5개국, 취항도시 수 8개, 항공노선 수 8개, 주당 운항횟수 50여 회이다.

1) 하는 일

항공기를 이용하여 여객 및 수하물을 운송한다. 여객이 안전하고 편안하게 여행할 수 있도록 서비스를 제공한다.

탑승 수속

이스타항공 항공기 © 이스타항공

2) 근무 여건

이스타항공 직원들은 국내 취항공항 및 해외지점에서 근무한다. 근무는 일부 사무실에서 일근하는 직원들도 있지만 대부분 항공기 운항시간에 맞춰 스케쥴 근무를 한다. 항공권 발권 등 현장의 실무적인 일들은 협력사를 통하여 하고 있다.

이스타항공 직원 수는 600여 명으로 임원 12명, 일반직 180여 명, 조종사 120여 명, 객실승무원 190여 명, 항공정비사 80여 명이다. 연봉은 3천만 원에서 7천만 원 수준이고, 직급체계는 사원 ⇒ 대리 ⇒ 과장 ⇒ 차장 ⇒ 부장 ⇒ 임원 순이며, 정년은 55세이다.

3) 되는 길

이스타항공에 입사하려면 공개경쟁시험에 합격하여야 한다. 입사시험 전형방법은 서류전형 ⇒ 1차 실무면접 ⇒ 2차 임원면접 ⇒ 건강검진 ⇒ 최종합격 순이다. 채용 내역을 정리하면 아래와 같다.

<table>
<tr><td>채용분야</td><td>일반직, 영업운송직</td></tr>
<tr><td colspan="2">※ 조종사, 스튜어디스, 항공정비사, 운항관리사는 별도 채용</td></tr>
<tr><td>학 력</td><td>학사 이상</td></tr>
<tr><td>연 령</td><td>제한 없음</td></tr>
<tr><td>외 국 어</td><td>공인시험 일정점수 이상</td></tr>
</table>

채용공고는 홈페이지를 통하여 필요시 이루어지므로 수시로 이스타항공 홈페이지(www.eastarjet.com)를 확인하여야 한다.

2.4.7 ㈜티웨이항공

t'way

티웨이항공은 처음에 한성항공으로 출범하였던 저비용항공사(LCC: Low Cost Carrier)이다. 국내선 노선을 시작으로 출발하여 국제선 노선으로 진출하였으며, 수송능력을 계속 키워가는 중이다. 국내선 여객의 약 8%, 국제선 여객의 약 1%를 수송하고 있다.

항공기 보유 대수 7대, 취항국가 수 3개국, 취항도시 수 5개, 항공노선 수 5개, 주당 운항횟수 20여 회이다.

1) 하는 일

항공기를 이용하여 여객 및 수하물을 운송한다. 여객이 안전하고 편안하게 여행할 수 있도록 서비스를 제공한다.

탑승 수속

티웨이항공 항공기 © 티웨이항공

2) 근무 여건

티웨이항공 직원들은 국내 취항공항 및 해외지점에서 근무한다. 근무는 일부 사무실에서 일근하는 직원들도 있지만 대부분 항공기 운항시간에 맞춰 스케쥴 근무를 한다. 항공권 발권 등 현장의 실무적인 일들은 협력사를 통하여 하고 있다.

티웨이항공 직원 수는 470여 명으로 임원 11명, 일반직 140여 명, 조종사 100여 명, 객실승무원 150여 명, 항공정비사 60여 명이다. 연봉은 3천만 원에서 7천만 원 수준이고, 직급체계는 사원 ⇒ 대리 ⇒ 과장 ⇒ 차장 ⇒ 부장 ⇒ 임원 순이며, 정년은 55세이다.

3) 되는 길

티웨이항공에 입사하려면 공개경쟁시험에 합격하여야 한다. 입사시험 전형방법은 서류전형 ⇒ 1차 실무면접 ⇒ 2차 임원면접 ⇒ 건강검진 ⇒ 최종합격 순이다. 채용 내역을 정리하면 아래와 같다.

채용분야	일반직, 영업운송직
※ 조종사, 스튜어디스, 항공정비사, 운항관리사는 별도 채용	
학　　력	학사 이상
연　　령	제한 없음
외 국 어	공인시험 일정점수 이상

채용공고는 홈페이지를 통하여 필요시 이루어지므로 수시로 티웨이항공 홈페이지(www.twayair.com)를 확인하여야 한다.

2.4.8 에어인천(주)

에어인천은 우리나라 최초 화물운송전용 항공사이다. 이제 시작단계라서 아직은 국제선 화물의 0.1%를 수송하고 있다.

항공기 보유 대수 2대, 취항국가 수 3개국, 취항도시 수 3개, 항공노선 수 3개, 주당 운항횟수 10여 회이다.

1) 하는 일

항공기를 이용하여 화물을 수송한다. 인천국제공항을 기점으로 중국, 러시아 및 일본의 국제화물을 주로 수송한다.

항공 화물

에어인천 항공기 © 에어인천

2) 근무 여건

에어인천 직원들은 인천국제공항 및 해외지점에서 근무한다. 근무는 일부 사무실에서 일근하는 직원들도 있지만 대부분 항공기 운항시간에 맞춰 스케쥴 근무를 한다.

에어인천 직원 수는 50여 명으로 임원 4명, 일반직 20여 명, 조종사 10여 명, 항공정비사 10여 명이다. 연봉은 3천만 원에서 7천만 원 수준이고, 직급체계는 사원 ⇒ 대리 ⇒ 과장 ⇒ 차장 ⇒ 부장 ⇒ 임원 순이며, 정년은 55세이다.

3) 되는 길

에어인천에 입사하려면 공개경쟁시험에 합격하여야 한다. 입사시험 전형방법은 서류전형 ⇒ 1차 실무면접 ⇒ 2차 임원면접 ⇒ 건강검진 ⇒ 최종합격 순이다. 채용 내역을 정리하면 아래와 같다.

채용분야	일반직, 기술직
※ 조종사, 항공정비사, 운항관리사는 별도 채용	
학 력	학사 이상
연 령	제한 없음
외 국 어	공인시험 일정점수 이상

채용공고는 홈페이지를 통하여 필요시 이루어지므로 수시로 에어인천 홈페이지(www.air_incheon.com)를 확인하여야 한다.

❖ 우리나라에 취항중인 외국항공사는 30여개 국가의 70여개 항공사 이다. 해당국가의 언어에 능통하면 외국항공사 취업도 가능하다.

2.4.9 지상조업사 [한국공항(주), Asiana Airport(주)]

국내공항에서 지상 조업 업무를 담당하는 회사는 한국공항, 아시아나 에어포트, 샤프 에이비에이션 케이, 동보, 스위스포트 등이 있다. 지상 조업 업무 점유율은 한국공항이 약 65%, 아시아나 에어포트가 약 30%로 양사가 지상 조업 업무의 대부분을 담당하고 있다. 한국공항은 대한항공의 지상 조업 업무를, 아시아나 에어포트는 아시아나항공의 지상 조업 업무를 담당하고 있다. 지상조업사들은 국내항공사 및 외국항공사 와 각자 계약을 맺고 지상 조업 업무를 담당하고 있다.

1) 하는 일

항공기의 수하물/화물 탑재 및 하역, 항공기 지상 이동, 급유, 정비, 항공기내 청소 및 외부세척, 항공기 제빙, 계류장 내 승객 이동 버스 운영 등 계류장에서 일어나는 모든 업무를 담당한다. 국내항공기뿐만 아니라 우리나라에 취항하는 외국항공기의 지상 조업 업무도 담당한다.

항공기 정지선 유도

수하물 하역

기내 청소 © 한국공항

항공기 급유

항공기 지상 이동

화물 탑재 © 한국공항

2) 근무 여건

지상조업사 직원들은 전국공항에서 근무한다. 근무는 일부 사무실에서 일근하는 직원들도 있지만 대부분 항공기 운항시간에 맞춰 스케쥴 근무를 한다.

한국공항 직원 수는 약 6,000명, 아시아나 에어포트 직원 수는 약4,000명이다. 연봉은 2천만 원에서 7천만 원 수준이고, 직급체계는 사원 ⇒ 대리 ⇒ 과장 ⇒ 차장 ⇒ 부장 ⇒ 임원 순이다. 정년은 55세이나 정년 이후에는 계약직 형태로 근무가 가능하다.

3) 되는 길

지상조업사에 입사하려면 공개경쟁시험에 합격하여야 한다. 대졸 입사와 고졸 입사로 구분되며, 대졸 입사 시험 전형방법은 서류전형 ⇒ 직무능력검사 ⇒ 1차면접(실무진) ⇒ 2차면접(임원) ⇒ 신체검사 ⇒ 최종합격 순이고, 고졸 입사 시험 전형방법은 서류전형 ⇒ 면접전형 ⇒ 인성검사 ⇒ 신체검사 ⇒ 최종합격 순이다. 채용 내역을 정리하면 아래와 같다.

☑ 대졸 입사

채용분야	일반관리, 항공정비, 항공급유, 시스템(인문, 자연계열)
학 력	학사학위 이상
연 령	제한 없음
외 국 어	지정 어학시험 중 한 종목을 지정점수 이상 득한 자

☑ 고졸 입사

채용분야	계류장 조업, 수하물 서비스, 화물 서비스 등
학 력	고졸 이상
연 령	제한 없음
외 국 어	운전면허 1종보통 이상 소지자

채용공고는 홈페이지를 통하여 필요시 이루어지므로 수시로 한국공항 홈페이지(www.kas.co.kr), 아시아나에어포트 홈페이지(www.asianaairport.com) 및 해당 지상조업사 홈페이지를 확인하여야 한다.

2.4.10 공항시설 관리·운영 협력(용역)사

공항의 일선 현장에서 해야 하는 실무적인 일들은 거의 다 협력사(용역사)가 담당한다. 공항공사는 공개경쟁 입찰을 통하여 협력사와 3~5년 단위로 계약하며, 해당 협력사가 재계약이 이루어지지 않아도 협력사 직원은 대부분 고용승계가 되고 있다. 협력사는 공항공사의 감독하에 위탁받은 공항현장 업무를 수행한다.

1) 하는 일

협력사가 공항에서 하는 일은 주차징수, 주차관리, 짐수레 관리, 환경미화, 보호구역통제, 보안검색, 수하물검사, 탑승교 운영, 폭발물 탐지 및 처리, 공항 소방, 공항 경비, 토목 · 건축 · 기계 · 전기 · 전산 · 통신시설 유지보수 등 공항 현장업무의 대부분이다.

보안 검색

공항소방

수하물 검사

폭발물 탐지

시설물 유지보수

탑승교 운영©한국공항공사

2) 근무 여건

협력사 직원들은 전국공항에서 근무한다. 근무는 일부 사무실에서 일근하는 직원들도 있지만 대부분 항공기 운항시간에 맞춰 스케쥴 근무를 한다. 연봉은 2천만 원에서 5천만 원 수준이다.

전국공항의 협력사 수 및 협력사 직원 수는 120여 개사 9,200

여 명이다. 공항별로는 인천 40여 개사 6,100여 명, 김포 15개사 1,000여 명, 김해 10여 개사 590여 명, 제주 10여 개사 660여 명이고, 청주 등 중규모 공항은 3~4개사 70~100여 명이며, 원주 등 소규모 공항은 2~3개사 10여 명이다. 협력사 직원채용은 협력사별로 이루어진다.

3장 항공분야 전망

3.1 세계 인구 증가와 아시아지역 성장

3.2 항공인력 소요 예상

3.3 세계 속의 우리나라 항공분야 수준

3.4 우리나라 항공분야의 발전 전망

3.1 세계 인구 증가와 아시아지역 성장

세계인구는 현재 71억 명이며, 유엔의 전망은 2040년까지 적게는 80억 명, 많게는 100억 명까지 늘어날 것으로 예상하고 있다. 국가별 인구 순위를 보면 중국이 13억 명으로 1위, 인도가 12억 명으로 2위, 미국이 3억 명으로 3위, 인도네시아가 2.5억 명으로 4위, 브라질이 2억 명으로 5위를 차지하고 있으며, 특히 중국, 인도, 인도네시아 등 아시아지역 국가들의 인구가 많이 늘어나고 있다.

서울대 아시아연구소의 분석에 의하면 2011년 아시아지역 11개국(한국, 중국, 일본, 인도, 싱가포르, 인도네시아, 말레이시아, 태국, 베트남, 필리핀, 라오스)의 GDP는 9.8조 달러, 북미와 유럽 17개국(미국, 캐나다, 독일, 프랑스, 영국, 스페인, 이탈리아, 네덜란드, 스웨덴, 벨기에, 오스트리아, 덴마크, 그리스, 아일랜드, 핀란드, 포르투갈, 룩셈부르크)의 GDP는 24.4조 달러이나, 2030년이 되면 아시아지역이 29조 달러, 북미와 유럽지역이 30조 달러로 거의 비슷한 수준이 될 것으로 전망하고 있다. 인구증가와 GDP 증가는 결국 항공시장의 확대로 이어진다.

3.2 항공인력 소요 예상

전 세계적으로 항공분야에서는 늘어나는 항공수요에 비하여 항공 종사자가 부족하여 큰 어려움을 겪고 있다. 국제민간항공기구(ICAO : International Civil Aviation Organization)의 전망에 의하면 전 세계 여객 및 화물 항공수요는 계속 늘어날 것이며, 특히 아시아 · 태평양지역과 중동지역의 성장률이 가장 높을 것으로 예상하고 있다.

2025년까지 여객성장률은 아시아 · 태평양지역과 중동지역이 5.8%, 화물성장률은 아시아 · 태평양지역이 8.0%, 중동지역이 7.8%에 이를 것으로 예상하고 있다.

조종사 수는 2025년까지 아시아 · 태평양지역이 75,000명 부족, 북미지역이 64,000명 부족 등 전 세계적으로 208,000명이 부족할 것으로 예상하고 있다. 또한 항공업계에서는 향후 20년 동안 50만 명의 조종사가 부족할 것으로 보고 있다. 실제로 이러한 증상은 여기저기서 나타나고 있다.

미국 로스앤젤레스 타임스에 의하면 리퍼블릭항공사에서는 국내선 243편 가운데 27편을 없앴는데 이것은 미국에서 은퇴하는 조종사는 늘어나는데 새로 배출되는 조종사가 부족한 것이 큰 원인이라고 한다.

글로벌 항공업계에서 조종사 쟁탈전은 뜨거우며, 우리나라의 경우도 민간항공사에서는 군 조종사 출신을 우대하고 있으며, 군에서는 조종사 의무복무기간을 13년에서 15년으로 늘리는 등 군 조종사의 민간항공사로 이탈방지에 안간힘을 쓰고 있다.

항공인력시장 전체로 볼 때 항공분야가 커지면 조종사뿐만 아니라 스튜어디스, 항공정비사 등 항공분야 종사자 전체가 필요하게 된다.

여객 및 화물 성장률

단위 : %

구 분	여객 연평균 성장률		화물 연평균 성장률	
	1985 - 2005	2005 - 2025	1985 - 2005	2005 - 2025
아프리카	4.3	5.1	3.6	4.8
아시아 · 태평양	7.6	5.8	8.6	8.0
유럽	4.4	4.3	4.9	4.8
중동	7.1	5.8	8.1	7.8
북미	4.4	3.6	6.7	5.8
남미	4.3	4.8	3.9	4.9

조종사 수

단위: 명

구 분	2005년	2025년	부 족
북미	64,000	128,000	64,000
아시아 · 태평양	31,000	106,000	75,000
유럽	36,000	75,000	39,000
중동	5,000	9,000	4,000
남미	9,000	27,000	18,000
아프리카	7,000	15,000	8,000
계	152,000	360,000	208,000

〈출처:한국항공진흥협회〉

3.3 세계 속의 우리나라 항공분야 수준

세계 속에서 우리나라는 항공강국이라고 할 수 있다. 우리나라의 항공순위는 종합 6위이다. 여객수송은 세계 15위, 화물수송은 세계 3위 수준이다.

우리나라는 국제민간항공기구(ICAO : International Civil Aviation Organization)의 항공안전평가에서 세계 1위를 차지하기도 하였다. 우리나라는 세계 어느 나라보다 항공안전에 철저한 나라이다.

또한, 인천국제공항이 공항 분야에서 최고의 권위를 인정받는 세계공항서비스평가(ASQ : Airport Service Quality) 중대형공항 부분에서 2005년 이래 9년 연속 세계공항 1위를 달성하였으며, 김포국제공항은 중형공항 부분에서 2010년 이래 4년 연속 1위 공항으로 선정되었다.

세계공항서비스평가(ASQ)는 세계 1,800여 공항의 협의체인 국제공항운영협의회(ACI : Airports Council International))가 매년 공항의 서비스 및 시설운영 분야 이용여객 설문조사를 통해 실시하는 것이다.

세계 공항 규모별 순위

구 분	1 위	2 위	3 위	4 위	5 위
중대형	인 천	델 리	타이페이	홍차오	뭄바이
중 형	김 포	자카르타	뎀 파	솔트레이	취리히

〈출처:한국항공진흥협회〉

❖ ACI에서는 여객실적기준으로 대형(4,000만명~), 중대형(2,500만~4,000만명), 중형(1,500만~2,500만명), 중소형(500만~1,500만명), 소형(500만 미만)으로 구분하여 평가

3.4 우리나라 항공분야의 발전 전망

현재 우리나라는 세계 6위의 항공강국이다. 세계인구 특히 아시아 인구는 크게 증가하고 있고 아시아경제는 눈부시게 발전하고 있다. 인구가 늘어나고 사람들이 먹고 살 만하면 여행을 하게 된다. 그래서 아시아지역 항공 성장률이 가장 높게 증가하는 것이다.

항공기는 한번 이륙하면 장거리를 비행하여야 수익을 더 낼 수가 있다. 그래서 항공사들은 국내선 보다는 국제선에 더 신경을 쓰고 있다. 이웃나라 중국은 2023년경이면 미국을 제치고 세계 최대 항공시장으로 커 질것이라는 전망이 나왔다. 또한, 중국은 2020년까지 97개의 공항을 건설한다고 한다. 그동안 미뤄왔던 민간항공사 설립도 2013년부터 허가하기 시작했다.

그동안 일본사람들이 우리나라로 여행을 제일 많이 하였으나 이제는 중국 사람들이 더 많다. 우리나라에서도 중국과의 항공노선 확대에 적극적이다.

인천국제공항은 현시설이 부족하여 확장공사를 진행하고 있고, 김포국제공항도 그동안 국제선청사의 반을 상업시설로 사용하여 왔으나 다시 여객터미널로 개량을 추진하고 있다.

2020년까지 울릉도와 흑산도에 50인승 소형 항공기가 운항할 수 있는 소형 공항이 건설된다.

정부에서는 2017년까지 2천명의 항공기 조종사를 양성하는 내용의 청년일자리 창출 및 항공인력 양성계획을 확정했다. 이는 정부, 군, 항공사, 대학이 협업해 매년 500명씩의 우수 조종사를 양성한다는 계획이다. 조종사가 늘어나면 스튜어디스나 항공정비사 등 항공분야 종사자 모두가 같이 늘어나야 한다.

위에서 우리나라 항공분야의 여러 가지 현 상황을 설명하였듯이 우리나라의 항공분야 전망은 매우 밝다. 항공분야가 적성에 맞다면 희망을 가지고 도전 해 보기 바란다.

부록

1. 항공기의 종류
2. 자격증명별 업무 범위
3. 항공신체검사증명의 종류와 그 유효기간
4. 항공신체검사 기준
5. 우리나라 공항

1. 항공기의 종류

☑ 항공기 종류 요약

항공기	비행기, 비행선, 활공기, 회전익항공기, 동력비행장치(일정 범위 초과), 항공우주선
경량항공기	타면조종형비행기, 체중이동형비행기, 경량헬리콥터, 자이로플레인, 동력패러슈트
초경량비행장치	동력비행장치 (일정 범위 미만), 인력활공기, 기구류, 회전익비행장치, 동력패러글라이더, 무인 비행장치

☑ 항공기

항공에 사용할 수 있는 기기

1 비행기

2 비행선

3 활공기

3.1 특수활공기

3.2 상급활공기

3.3 중급활공기

3.4 초급활공기

4 회전익항공기

5 동력비행장치

5.1 동력비행장치 : 탑승 자석 수 3개 이상, 최대이륙중량 600 kg 이상, 최대수평비행속도 120 knots 이상, 최소

정상비행속도 45 knots 이상, 쌍발왕복발동기 장착, 조종석 여압이 될 것, 비행중 프로펠러 각도 조정 가능, 고정된 착륙장치가 없을 것

5.2 무인 동력비행장치

5.2.1 무인 비행기 : 자체중량 150 kg 이상

5.2.2 무인 회전익 비행장치 : 자체중량 150 kg 이상

5.3 무인 비행선 : 자체중량 180 kg 이상이고 길이 20 m 이상

6 항공우주선

☑ 경량 항공기

항공기 외의 비행할 수 있는 것

1. 타면 조종형 비행기 : 탑승 자석 수 2개 이하, 최대이륙중량 600 kg 이하, 최대수평 비행속도 120 knots 이하, 최소 정상비행속도 45 knots 이하, 단발왕복발동기 장착, 조종석 여압이 안 될 것, 비행 중 프로펠러 각도 조정 불가능, 고정된 착륙장치가 있을 것
2. 체중이동형 비행기 : 1과 동일
3. 경량 헬리콥터 : 1과 동일
4. 자이로 플레인 : 1과 동일
5. 동력 패러슈트 : 1과 동일

타면조종형비행기

체중이동형비행기

경량헬리콥터

자이로플레인

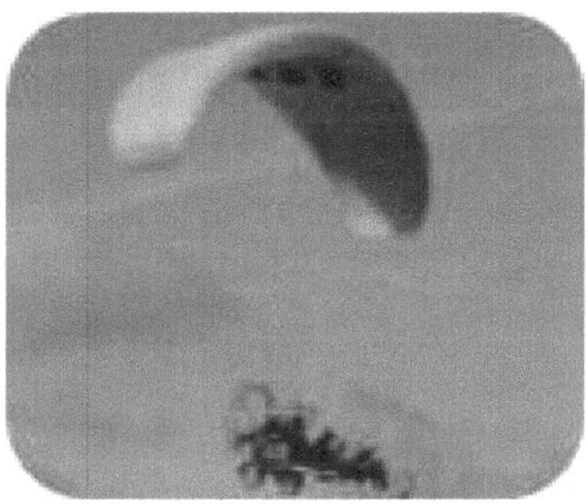

동력패러슈트

☑ 초경량 비행장치

항공기와 경량항공기외의 비행할 수 있는 장치

1. 동력 비행장치 : 좌석 1개, 자체중량 115 kg 이하, 프로펠러에서 추진력 얻음, 착륙장치가 장착된 고정익 비행장치

2. 인력 활공기

 2.1 행글라이더 : 자체중량 70 kg 이하 비행장치

 2.2 패러글라이더 : 2.1과 동일

3 기구 류

 3.1 유인자유기구

 3.2 무인자유기구

 3.3 계류 식 기구

4 회전익 비행장치

 4.1 초경량 자이로 플레인 : 좌석 1개, 자체중량 115 kg 이하, 회전익에서 추진력 얻음

 4.2 초경량 헬리콥터 : 4.1과 동일

5 동력 패러글라이더

 5.1 착륙 장치 없는 비행장치 : 낙하산류에서 추진력 얻음

 5.2 착륙 장치 있는 비행장치 : 좌석 1개, 자체중량 115 kg 이하, 낙하산류 에서 추진력 얻음

6 무인 비행장치

 6.1 무인동력 비행장치

  6.1.1 무인 비행기 : 자체중량 150 kg 이하

  6.1.2 무인 회전익 비행장치 : 6.1.1과 동일

6.2 무인 비행선 : 자체중량 180 kg 이하이고 길이 20 m 이하

동력비행장치

인력활공기(행글라이더)

기구류

회전익비행장치

동력패러글라이더

무인비행장치

2. 자격증명별 업무 범위

자 격	업 무 범 위
운송용 조종사	항공기에 탑승하여 다음 각 호의 행위를 하는 것 1. 사업용 조종사의 자격을 가진 사람이 할 수 있는 행위 2. 항공운송사업의 목적을 위하여 사용하는 항공기를 조종하는 행위
사업용 조종사	항공기에 탑승하여 다음 각 호의 행위를 하는 것 1.자가용 조종사의 자격을 가진 사람이 할 수 있는 행위 2.보수를 받고 무상 운항을 하는 항공기를 조종하는 행위 3.항공기사용사업에 사용하는 항공기를 조종하는 행위 4.항공운송사업에 사용하는 항공기(1명의 조종사가 필요한 항공기만 해당한다)를 조종하는 행위 5.기장 외의 조종사로서 항공운송사업에 사용하는 항공기를 조종하는 행위
자가용 조종사	항공기에 탑승하여 보수를 받지 아니하고 무상운항을 하는 항공기를 조종하는 행위
부조종사	비행기에 탑승하여 다음 각 호의 행위를 하는 것 1.자가용 조종사의 자격을 가진 자가 할 수 있는 행위 2.기장 외의 조종사로서 비행기를 조종하는 행위
경량항공기 조종사	경량항공기에 탑승하여 경량항공기를 조종하는 행위
항공사	항공기에 탑승하여 그 위치 및 항로의 측정과 항공 상의 자료를 산출하는 행위
항공기관사	항공기에 탑승하여 발동기 및 기체를 취급하는 행위(조종장치의 조작은 제외한다)

자 격	업 무 범 위
항공교통 관제사	항공교통의 안전·신속 및 질서를 유지하기 위하여 항공교통관제기관에서 항공기 운항을 관제하는 행위
항공정비사	정비 또는 개조(국토교통부령으로 정하는 경미한 정비 및 제19조제1항에 따른 수리·개조는 제외한다)한 항공기에 대하여 제22조에 따른 확인을 하는 행위
운항관리사	항공운송사업에 사용되는 항공기의 운항에 필요한 다음 각 호의 사항을 확인하는 행위 1. 비행계획의 작성 및 변경 2. 항공기 연료 소비량의 산출 3. 항공기 운항의 통제 및 감시

3. 항공신체검사증명의 종류와 그 유효기간

자격증명의 종류	항공신체 검사증명의 종류	유 효 기 간		
		40세 미만	40세 이상 50세 미만	50세 이상
운송용 조종사 사업용 조종사 (활공기조종사는 제외한다) 부조종사	제1종	12개월. 다만, 항공운송사업에 종사하는 60세 이상인 사람과 1명의 조종사로 승객을 수송하는 항공운송사업에 종사하는 40세 이상인 사람은 6개월		
항공기관사 항공사	제2종	12개월		
자가용 조종사 사업용 활공기 조종사 조종연습생 경량항공기 조종사	제2종(경량항공기 조종사의 경우에는 제2종 또는 자동차운전면허증)	60개월	24개월	12개월
항공교통관제사	제3종	48개월	24개월	12개월

비고

1. 위 표에 따른 유효기간의 시작일은 항공신체검사를 받는 날로 하며, 종료일이 매달 말일이 아닌 경우에는 그 종료일이 속하는 달의 말일에 항공신체검사증명의 유효기간이 종료하는 것으로 본다.
2. 경량항공기 조종사의 항공신체검사 유효기간은 제2종 항공신체검사증명을 보유하고 있는 경우에는 그 증명의 연령대별 유효기간으로 하며, 자동차운전면허증을 적용할 경우에는 그 자동차운전면허증의 유효기간으로 한다.

4. 항공신체검사 기준

<table>
<tr><th>검사
항목</th><th>제1종</th><th>제2종</th><th>제3종</th></tr>
<tr><td>1.
일반</td><td colspan="3">가.두부 · 안면 · 경부 · 몸통 또는 사지에 항공업무에 지장을 주는 변형 · 기형 또는 기능장애가 없을 것
나.악성종양 또는 그 염려가 없을 것
다.AIDS가 없을 것. HIV 양성자의 경우 모든 검사에서 질병이 없을 것
라.중대한 전염성 질환 또는 그 염려가 없을 것
마.현저한 전신의 쇠약이 없을 것
바.항공업무에 지장을 주는 과도한 비만이 없을 것
사.중대한 내분비장애나 대사 · 영양장애가 없을 것
아.중대한 알레르기성 질환이 없을 것
자.인슐린이나 혈당강하제로 조절이 필요한 당뇨병이 없을 것</td></tr>
<tr><td>2
호흡기
계통</td><td>가.호흡기계통의 활동성 질환이 없을 것
나.흉막 또는 종격에 중대한 이상이 없을 것
다.병소의 안정을 확인할 수 없는 폐결핵 후유증이 없을 것
라.폐기능 저하를 초래하는 호흡기계통의 중대한 질환이 없을 것
마.기흉이나 그 기왕력 또는 기흉이 발생하는 원인이 되는 질환이 없을 것
바.항공업무 수행에 지장을 줄 염려가 있는 흉부의 수술에 의한 후유증이 없을 것</td><td>가.호흡기계통의 활동성 질환이 없을 것
나.흉막 또는 종격에 중대한 이상이 없을 것
다.병소의 안정을 확인할 수 없는 폐결핵 후유증이 없을 것
라.폐기능 저하를 초래하는 호흡기계통의 중대한 질환이 없을 것
마.기흉이나 그 기왕력 또는 기흉이 발생하는 원인이 되는 질환이 없을 것
바.항공업무 수행에 지장을 줄 염려가 있는 흉부의 수술에 의한 후유증이 없을 것</td><td>가.호흡기계통의 활동성 질환이 없을 것
나.흉막 또는 종격에 중대한 이상이 없을 것
다.병소의 안정을 확인할 수 없는 폐결핵 후유증이 없을 것
라.특발성 기흉 또는 그의 반복되는 기왕력이 없을 것
마.항공업무 수행에 지장을 줄 염려가 있는 흉부의 수술에 의한 후유증이 없을 것</td></tr>
</table>

<table>
<tr><th>검사 항목</th><th>제1종</th><th>제2종</th><th>제3종</th></tr>
<tr><td>3 순환기계통</td><td colspan="3">가. 조절되지 않는 고혈압이 없을 것
나. 순환기계통의 중대한 기능 및 구조적 이상이 없을 것
다. 심근장애, 관상동맥장애 또는 이들의 증후가 없을 것
라. 중대한 선천성 또는 후천성 심질환이 없을 것
마. 중대한 자극생성 또는 흥분전도의 이상이 없을 것
바. 심부전 또는 그 기왕력이 없을 것
사. 동맥류, 중대한 정맥류 또는 임파유종이 인지되지 않을 것
아. 중대한 심막의 질환이 없을 것
자. 심장판막의 교체, 영구적인 심장 박동기 이식 또는 심장 이식의 기왕력이 없을 것</td></tr>
<tr><td>4. 소화기계통</td><td>가. 소화기계통 또는 복막에 중대한 기능장애 또는 질환이 없을 것
나. 항공업무에 지장을 줄 염려가 있는 소화기계 질환이나 수술 후유증, 특히 협착이나 압박에 의한 폐쇄증상이 없을 것
다. 항공업무에 지장을 줄 염려가 있는 탈장이 없을 것</td><td>가. 소화기계통 또는 복막에 중대한 기능장애 또는 질환이 없을 것
나. 항공업무에 지장을 줄 염려가 있는 소화기계 질환이나 수술 후유증, 특히 협착이나 압박에 의한 폐쇄증상이 없을 것
다. 항공업무에 지장을 줄 염려가 있는 탈장이 없을 것</td><td>가. 소화기계통 또는 복막에 중대한 기능장애 또는 질환이 없을 것
나. 항공업무에 지장을 줄 염려가 있는 소화기계 질환이나 수술 후유증, 특히 협착이나 압박에 의한 폐쇄증상이 없을 것</td></tr>
<tr><td>5. 혈액 및 조혈 장기</td><td colspan="3">가. 고도의 빈혈이 없을 것
나. 중대한 국소적 또는 전신적 임파선 종대와 혈액질환이 없을 것
다. 출혈성 경향을 갖는 질환이 없을 것
라. 중대한 비종이 없을 것</td></tr>
</table>

검사 항목	제1종	제2종	제3종
6. 정신계	가. 기질적 정신장애가 없을 것 나. 향정신성 물질로 인한 정신 또는 행동 장애가 없을 것 다. 약물의존 또는 알코올중독이 없을 것 라. 정신분열증이나 정신분열성 또는 망상장애가 없을 것 마. 정동장애가 없을 것 바. 신경증, 스트레스 관련성 또는 신체성 장애가 없을 것 사. 생리적 장애 또는 육체적 요인이 동반된 행동증후군이 없을 것 아. 인격장애 또는 행동장애가 없을 것 자. 정신지체가 없을 것 차. 정신발달장애가 없을 것 카. 유년기 또는 청소년기에 발병한 행동장애 또는 정서장애가 없을 것 타. 그 밖에 다른 정신장애가 없을 것		
7. 신경계	가. 간질성 질환이나 원인불명의 의식장애, 경련·발작 또는 이들의 기왕력이 없을 것 나. 중대한 두부외상의 기왕력 또는 두부외상 후유증이 없을 것 다. 중추신경계통의 중대한 장애 또는 이들의 기왕력이 없을 것 라. 중대한 말초신경계통 또는 자율신경계통의 장애가 없을 것		

검사 항목	제1종	제2종	제3종
8. 운동기계통	가. 뼈 또는 관절의 심한 기형, 변형이나 결손 또는 기능장애가 없을 것 나. 뼈·근육·건·신경 또는 관절에 중대한 질환이나 외상 또는 이들의 후유증에 의한 중대한 운동기능장애가 없을 것 다. 척추에 중대한 질환·변형이나 고통을 갖는 질환 또는 변형이 없을 것 라. 척추장애 또는 척추의 질환이나 변형에 의한 사지의 운동기능장애가 없을 것 마. 습관성 관절 탈구가 없을 것 바. 사지에 항공업무에 지장을 줄 염려가 있는 운동기능장애가 없을 것	가. 뼈·근육·건·신경 또는 관절에 중대한 질환이나 외상 또는 이들의 후유증에 의한 중대한 운동기능장애가 없을 것 나. 척추에 중대한 질환·변형이나 고통을 갖는 질환 또는 변형이 없을 것 다. 척추장애 또는 척추의 질환이나 변형에 의한 사지의 운동기능장애가 없을 것 라. 습관성 관절 탈구가 없을 것 마. 사지에 항공업무에 지장을 줄 염려가 있는 운동기능장애가 없을 것	가. 뼈·근육·건·신경 또는 관절에 중대한 질환이나 외상 또는 이들의 후유증에 의한 중대한 운동기능장애가 없을 것 나. 습관성 관절 탈구가 없을 것 다. 사지에 항공업무에 지장을 줄 염려가 있는 운동기능 장애가 없을 것

검사 항목	제1종	제2종	제3종
9. 신장 비뇨 생식기 계통	가. 신장 및 비뇨생식기계 질환이나 수술의 후유증, 특히 협착이나 압박에 의한 폐쇄증상이 없을 것 나. 신적출술의 기왕력이 없을 것 다. 항공업무에 지장을 줄 염려가 있는 부인과 질환이 없을 것 라. 항공업무에 지장을 줄 염려가 있는 월경장애가 없을 것 마. 임신 중이 아닐 것. 다만, 정상 임신인 경우 임신 12주 말부터 26주까지 항공업무에 지장을 줄 염려가 없는 경우는 제외한다.	가. 신장 및 비뇨생식기계 질환이나 수술의 후유증, 특히 협착이나 압박에 의한 폐쇄증상이 없을 것 나. 신적출술의 기왕력이 없을 것 다. 항공업무에 지장을 줄 염려가 있는 부인과질환이 없을 것 라. 항공업무에 지장을 줄 염려가 있는 월경장애가 없을 것 마. 임신 중이 아닐 것. 다만, 정상 임신인 경우 임신 12주 말부터 26주까지 항공업무에 지장을 줄 염려가 없는 경우는 제외한다.	가. 신장 및 비뇨생식기계 질환이나 수술의 후유증, 특히 협착이나 압박에 의한 폐쇄증상이 없을 것 나. 신적출술의 기왕력이 없을 것 다. 항공업무에 지장을 줄 염려가 있는 부인과질환이 없을 것 라. 항공업무에 지장을 줄 염려가 있는 월경장애가 없을 것 마. 항공업무에 지장을 줄 염려가 있는 임신상태가 아닐 것
10. 눈	가. 안구 또는 안구 부속기에 항공업무에 지장을 줄 질환과 수술 및 상해로 인한 후유증이 없을 것 나. 녹내장이 없을 것 다. 중간 투광체 · 안저(眼底) 또는 시로(視路)에 항공업무에 지장을 줄 질환이 없을 것 라. 눈 굴절상태에 영향을 주는 수술을 받지 않았을 것. 다만, 피검자의 면허나 한정업무 수행 시 지장을 줄 수 있는 후유증이 없는 경우는 제외한다.		

검사 항목	제1종	제2종	제3종
11. 이비인후 구강 및 치아	가. 귀 또는 관련 구조에 항공업무에 지장을 줄 이상이나 질환이 없을 것 나. 전정기관의 장애가 없을 것 다. 치유되지 않는 고막 천공이 없을 것 라. 중대한 이관기능 장애가 없을 것 마. 비공·부비공 또는 인후두에 중대한 질환이 없을 것 바. 비공에 공기가 통하는 것을 방해할 정도로 비중격(두 비공을 분리시키는 막을 말한다)이 굽지 않을 것 사. 심한 말더듬이·발성장애 또는 언어장애가 없을 것 아. 구강 또는 치아에 중대한 질환 또는 기능장애가 없을 것	가. 귀 또는 관련 구조에 항공업무에 지장을 줄 이상이나 질환이 없을 것 나. 전정기관의 장애가 없을 것 다. 치유되지 않는 고막 천공이 없을 것 라. 중대한 이관기능 장애가 없을 것 마. 비공·부비공 또는 인후두에 중대한 질환이 없을 것 바. 심한 말더듬이·발성장애 또는 언어장애가 없을 것 사. 구강 또는 치아에 중대한 질환 또는 기능장애가 없을 것	가. 귀 또는 관련 구조에 항공업무에 지장을 줄 이상이나 질환이 없을 것 나. 비공·부비공 또는 인후두에 중대한 질환이 없을 것 다. 심한 말더듬이·발성장애 또는 언어장애가 없을 것

검사 항목	제1종	제2종	제3종
12. 시기능	가. 다음의 어느 하나에 해당할 것. 다만, 2)의 기준은 항공업무를 수행할 때 한 쌍 이하의 상용안경(항공업무를 수행할 때 상용하는 교정안경 등을 말한다)을 사용하는 동시에 예비안경을 휴대할 것을 항공신체검사증명에 조건으로 부여받은 사람만 해당한다. 1) 각 눈이 교정하지 않고 1.0 이상의 원거리 시력이 있을 것 2) 각 렌즈의 굴절도가 ±6디옵터를 초과하지 않는 범위의 상용안경에 의하여 1.0 이상의 원거리 시력이 있을 것 3) 각 눈의 원거리 시력이 교정하지 않고 0.1 미만인 경우에는 최초검사와 이후 5년마다 안과 정밀검사를 제출해야 한다.	가. 다음의 어느 하나에 해당할 것. 다만, 2)의 기준은 항공업무를 수행할 때 한 쌍 이하의 상용안경(항공업무를 수행할 때 상용하는 교정안경 등을 말한다)을 사용하는 동시에 예비안경을 휴대할 것을 항공신체검사증명에 조건으로 부여받은 사람만 해당한다. 가. 각 눈이 교정하지 않고 0.5 이상의 원거리 시력이 있을 것 나. 각 렌즈의 굴절도가 ±6디옵터를 초과하지 않는 범위의 상용안경에 의하여 0.5 이상의 원거리 시력이 있을 것 다. 각 눈의 원거리 시력이 교정하지 않고 0.1 미만인 경우에는 최초검사와 이후 5년마다 안과 정밀검사를 제출해야 한다.	가. 다음의 어느 하나에 해당할 것. 다만, 2)의 기준은 항공업무를 수행할 때 한 쌍 이하의 상용안경(항공업무를 수행할 때 상용하는 교정안경 등을 말한다)을 사용하는 동시에 예비안경을 휴대할 것을 항공신체검사증명에 조건으로 부여받은 사람만 해당한다. 1) 각 눈이 교정하지 않고 0.7 이상의 원거리 시력이 있을 것 2) 각 렌즈의 굴절도가 ±6디옵터를 초과하지 않는 범위의 상용안경에 의하여 0.7 이상의 원거리 시력이 있을 것 3) 각 눈의 원거리 시력이 교정하지 않고 0.1 미만인 경우에는 최초검사와 이후 5년마다 안과 정밀검사를 제출해야 한다.

검사 항목	제1종	제2종	제3종
12. 시기능	나. 교정하지 않거나 자기의 교정안경에 의하여 각 눈이 30센티미터에서 50센티미터까지의 임의의 시거리에서 근거리 시력표(30센티미터 시력용)의 0.5 이상의 시표를 판독할 수 있고, 다음의 요건을 갖출 것. 다만, 50세 이상은 100센티미터에서 N14 도표나 그에 상응하는 것의 0.5 이상의 시표를 판독할 수 있어야 한다. 1) 근거리 교정만 필요한 경우, 즉각 사용할 수 있는 예비의 근거리 교정안경을 휴대해야 한다. 2) 근거리 · 원거리 교정이 필요한 경우, 계기와 손에 있는 차트 또는 매뉴얼을 보기 위하여 2중 또는 다초점 렌즈를 사용하여 안경을 벗을 필요 없이 근거리 · 원거리를 볼 수 있어야 한다.	나. 교정하지 않거나 자기의 교정안경에 의하여 각 눈이 30센티미터에서 50센티미터까지의 임의의 시거리에서 근거리 시력표(30센티미터 시력용)의 0.5 이상의 시표를 판독할 수 있고, 다음의 요건을 갖출 1) 근거리 교정만 필요한 경우, 즉각 사용할 수 있는 예비의 근거리 교정안경을 휴대해야 한다. 2) 근거리 · 원거리 교정이 필요한 경우, 계기와 손에 있는 차트 또는 매뉴얼을 보기 위하여 2중 또는 다초점 렌즈를 사용하여 안경을 벗을 필요 없이 근거리 · 원거리를 볼 수 있어야 한다.	나. 교정하지 않거나 자기의 교정안경에 의하여 각 눈이 30센티미터에서 50센티미터까지의 임의의 시거리에서 근거리 시력표(30센티미터 시력용)의 0.5 이상의 시표를 판독할 수 있고, 다음의 요건을 갖출 것. 다만, 50세 이상은 100센티미터에서 N14 도표나 그에 상응하는 것의 0.5 이상의 시표를 판독할 수 있어야 한다. 1) 근거리 교정만 필요한 경우, 즉각 사용할 수 있는 예비의 근거리 교정안경을 휴대해야 한다. 2) 근거리 · 원거리 교정이 필요한 경우, 계기와 손에 있는 차트 또는 매뉴얼을 보기 위하여 2중 또는 다초점 렌즈를 사용하여 안경을 벗을 필요 없이 근거리 · 원거리를 볼 수 있어야 한다.

검사 항목	제1종	제2종	제3종
12. 시기능	다. 정상적인 양눈 시기능을 가질 것 라. 정상적인 시야를 가질 것 마. 야간시력이 정상일 것 바. 안구운동이 정상이고 안구의 떨림이 없을 것 사. 색각이 정상일 것 단 색각경검사(아노말로스코프) 불합격자에게는 색각 제한사항을 부과하여 항공신체검사증명서 발급하고 또한 국내외 공인된 기관에서 인정받은 비행교관으로부터 신호 등화 실기시험(signal light test)을 통과하는 경우에는 색각 제한사항을 부과하지 않고 항공신체검사증명서 발급.	다. 정상적인 양눈 시기능을 가질 것 라. 정상적인 시야를 가질 것 마. 야간시력이 정상일 것 바. 안구운동이 정상이고 안구의 떨림이 없을 것 아. 색각이 정상일 것 단 색각경검사(아노말로스코프) 불합격자에게는 색각 제한사항을 부과하여 항공신체검사증명서 발급하고 또한 국내외 공인된 기관에서 인정받은 비행교관으로부터 신호 등화 실기시험(signal light test)을 통과하는 경우에는 색각 제한사항을 부과하지 않고 항공신체검사증명서 발급..	다. 정상적인 양눈 시기능을 가질 것 라. 정상적인 시야를 가질 것 마. 야간시력이 정상일 것 바. 안구운동이 정상일 것 사. 색각이 정상일 것. 단 색각경검사(아노말로스코프) 불합격자에게는 색각 제한사항을 부과하여 항공신체검사증명서 발급.

검사 항목	제1종	제2종	제3종
13. 청력	가. 소음이 35데시벨 미만인 방에서 각 귀가 매초 500, 1,000 및 2,000헤르츠의 각 주파수에서 35데시벨 이하의 음을, 3,000헤르츠의 주파수에서 50데시벨 이하의 음을 들을 수 있을 것 나. 가목의 기준을 충족하지 못하는 경우에는 다음의 어느 하나에 해당할 것 1) 소음이 50데시벨 미만인 방에서 후방 2미터 거리에서 발성되는 통상 강도의 대화음을 두 귀로 올바르게 들을 수 있을 것 2) 한쪽 귀의 어음(語音) 명료도가 70퍼센트 이상일 것		
14. 종합	항공업무에 지장을 줄 염려가 있는 심신의 결함이 없을 것		

5. 우리나라의 공항

1) 인천국제공항

- 위치 : 인천광역시 중구 운서동
- 공항종사자 : 40,000여 명
- 상주기관 및 업체 수 : 300여 개
- 운항 능력 : 410,000회 / 년
- 여객 처리 능력 : 4,400만 명 / 년
- 항공기 주기 대수 : 180여 대
- 주차 대수 : 19,800여 대
- 부지 : 21,292,000 ㎡
- 활주로 : 3 개

여객청사 ©인천국제공항공사

2) 김포국제공항

- 위치 : 서울특별시 강서구 하늘길 112
- 공항종사자 : 9,700여 명
- 상주기관 및 업체 수 : 250여 개
- 운항 능력 : 226,000 회 / 년
- 여객 처리 능력 : 3,575만 명 / 년
- 항공기 주기 대수 : 140여 대
- 주차 대수 : 10,000여 대
- 부지 : 8,440,923 ㎡
- 활주로 : 2 개

국제선 청사

국내선 청사 © 한국공항공사

3) 김해국제공항

- 위치 : 부산광역시 강서구 공항진입로 108
- 공항종사자 : 3,100여 명
- 상주기관 및 업체 수 : 150여 개
- 운항 능력 : 146,000 회 / 년
- 여객 처리 능력 : 1,733만 명 / 년
- 항공기 주기 대수 : 20여 대
- 주차 대수 : 3,800여 대
- 부지 : 3,697,435 ㎡ (군 지역 제외)
- 활주로 : 2 개

국제선 청사

국내선 청사 © 한국공항공사

4) 제주국제공항

- 위치 : 제주특별자치도 제주시 공항로 2
- 공항종사자 : 4,300여 명
- 상주기관 및 업체 수 : 150여 개
- 운항 능력 : 172,000 회 / 년
- 여객 처리 능력 : 2,547만 명 / 년
- 항공기 주기 대수 : 30여 대
- 주차 대수 : 2,600여 대
- 부지 : 3,561,679 ㎡
- 활주로 : 2 개

여객 청사(국제선 및 국내선) © 한국공항공사

5) 청주국제공항

- 위치 : 충청북도 청원군 내수읍 오창대로 980
- 공항종사자 : 550여 명
- 상주기관 및 업체 수 : 40여 개
- 운항 능력 : 140,000 회 / 년
- 여객 처리 능력 : 315만 명 / 년
- 항공기 주기 대수 : 10여 대
- 주차 대수 : 1,270여 대
- 부지 : 1,909,645 ㎡ (군 지역 제외)
- 활주로 : 2 개

여객 청사(국제선 및 국내선) © 한국공항공사

6) 대구국제공항

- 위치 : 대구광역시 동구 공항로 221
- 공항종사자 : 460여 명
- 상주기관 및 업체 수 : 40여 개
- 운항 능력 : 140,000회 / 년
- 여객 처리 능력 : 375만 명 / 년
- 항공기 주기 대수 : 6 대
- 주차 대수 : 1,000여 대
- 부지 : 171,308 ㎡ (군 지역 제외)
- 활주로 : 2 개

여객 청사(국제선 및 국내선) © 한국공항공사

7) 양양국제공항

- 위치 : 강원도 양양군 손양면 공항로 201
- 공항종사자 : 200여 명
- 상주기관 및 업체 수 : 20여 개
- 운항 능력 : 43,000회 / 년
- 여객 처리 능력 : 317만 명 / 년
- 항공기 주기 대수 : 10여 대
- 주차 대수 : 490여 대
- 부지 : 2,467,071 ㎡
- 활주로 : 1 개

여객 청사 (국제선 및 국내선) © 한국공항공사

8) 무안국제공항

- 위치 : 전라남도 무안군 망운면 공항로 970 - 260
- 공항종사자 : 340여 명
- 상주기관 및 업체 수 : 20여 개
- 운항 능력 : 140,000회 / 년
- 여객 처리 능력 : 510만 명 / 년
- 항공기 주기 대수 : 9 대
- 주차 대수 : 2,090여 대
- 부지 : 2,682,000 ㎡
- 활주로 : 1 개

여객 청사(국제선 및 국내선) © 한국공항공사

9) 울산공항

- 위치 : 울산광역시 북구 산업로 1103
- 공항종사자 : 250여 명
- 상주기관 및 업체 수 : 20여 개
- 운항 능력 : 60,000 회 / 년
- 여객 처리 능력 : 241만 명 / 년
- 항공기 주기 대수 : 4 대
- 주차 대수 : 530여 대
- 부지 : 919,977 ㎡
- 활주로 : 1 개

여객 청사 © 한국공항공사

10) 광주공항

- 위치 : 광주광역시 광산구 상무대로 420 - 25
- 공항종사자 : 310여 명
- 상주기관 및 업체 수 : 20여 개
- 운항 능력 :140,000 회 / 년
- 여객 처리 능력 : 294만 명 / 년
- 항공기 주기 대수 : 5 대
- 주차 대수 : 940여 대
- 부지 : 150,599 ㎡ (군 지역 제외)
- 활주로 : 2 개

여객 청사 © 한국공항공사

11) 여수공항

- 위치 : 전라남도 여수시 율촌면 여순로 386
- 공항종사자 : 270여 명
- 상주기관 및 업체 수 : 20여 개
- 운항 능력 : 60,000 회 / 년
- 여객 처리 능력 : 272만 명 / 년
- 항공기 주기 대수 : 5 대
- 주차 대수 : 550여 대
- 부지 : 1,330,930 ㎡
- 활주로 : 1 개

여객 청사 © 한국공항공사

12) 포항공항

- 위치 : 경상북도 포항시 남구 동해면 일월로 18
- 공항종사자 : 170여 명
- 상주기관 및 업체 수 : 10여 개
- 운항 능력 :100,000 회 / 년
- 여객 처리 능력 : 357만 명 / 년
- 항공기 주기 대수 : 5 대
- 주차 대수 : 470여 대
- 부지 : 2,478,709 ㎡ (군 지역 제외)
- 활주로 : 1 개

여객 청사 © 한국공항공사

13) 사천공항

- 위치 : 경상남도 사천시 사천읍 사천대로 1971
- 공항종사자 : 100여 명
- 상주기관 및 업체 수 : 10여 개
- 운항 능력 :165,000 회 / 년
- 여객 처리 능력 : 101만 명 / 년
- 항공기 주기 대수 : 2 대
- 주차 대수 : 320여 대
- 부지 :45,299 ㎡ (군 지역 제외)
- 활주로 : 2 개

여객 청사 © 한국공항공사

14) 군산공항

- 위치 : 전라북도 군산시 옥서면 산동길 2
- 공항종사자 : 70여 명
- 상주기관 및 업체 수 : 10여 개
- 운항 능력 :140,000 회 / 년
- 여객 처리 능력 : 44만 명 / 년
- 항공기 주기 대수 : 2 대
- 주차 대수 : 380여 대
- 부지 : 142,803 ㎡ (군기지 제외)
- 활주로 : 2 개

여객 청사 © 한국공항공사

15) 원주공항

- 위치 : 강원도 횡성군 횡성읍 횡성로 38
- 공항종사자 : 50여 명
- 상주기관 및 업체 수 : 9개
- 운항 능력 :115,000 회 / 년
- 여객 처리 능력 : 24만 명 / 년
- 항공기 주기 대수 : 1 대
- 주차 대수 : 90여 대
- 부지 : 31,960 ㎡ (군 지역 제외)
- 활주로 : 1 개

여객 청사 © 한국공항공사

공항에서 일하는 길

2015년 2월 2일 초판 인쇄
2015년 2월 10일 인쇄 발행

저　　자　최 중 봉
발 행 인　차 성 환
발 행 처　나라디엠출판사
편 집 처　GS인터비전
주　　소　서울 마포구 토종로 222
등록번호　제 313-2010-139 호
전　　화　02-335-0042
팩　　스　02-335-0408

홈페이지　www.sanmun.co.kr
E-Mail　young8072@hanmail.net
I S B N　978-89-97891-04-7(03320)

정　가　15,000원 파본은 교환해 드립니다.
판매대행　GS인터비전(02)976-7898